子どもの読みがつくる文学の授業

コロナ禍をこえる「学び合う学び」

石井順治

明石書店

はじめに

人々を震撼させた新型コロナウイルス感染症。今、世界はこの未曽有の危機に立ち向かい乗り越えようとしている。

命への危機についてはあえて語るまでもないことである。

しかし、それとは別に、感染症の拡大によって私たちが生きていくうえでなくてはならないものに危険信号が灯ったことを忘れてはならない。しかも、その危うさが感染症克服後にまで及ぶ可能性がある。それは、「人とのつながり」と「心の潤い」の危機である。

「人とのつながり」については、コロナ禍で私たちの暮らしがどうなったかを思い出せばすぐ気がつくことである。感染させない、しない、そのために求められたのは、他者との接触を極力避けることであった。ステイホームやテレワークが推奨され、人々は自宅にこもることが多くなった。一時期、学校も休校になり、子どもたちは友だちと遊ぶことまで止められた。二か月後には再開されたけれど、再開された学校内においても互いの接触を少なくする措置が講じられた。

こうして、社会にも学校にも、「三密を避ける」暮らし方が行き渡ったのだった。

人は一人で生まれ一人で死んでゆく存在である。それでいて、人は一人では生きてゆけない。生きてゆくに当たり、「人とのつながり」は、かなり大きなことだと言える。にもかかわらず、その「つながり」に危うさが生まれているのである。極端な例で言えば、他者に対する攻撃性が強まり、感染者や医療従事者に対する誹謗中傷が頻発した。人の心があまりにも自分中心になり、つながりの心が薄れてしまったのだ。そしてその危機は個人的なレベルから国と国との関係にまで及んだ。感染症は、人の心の荒みを生み、つながり合って生きるという人間性を壊し、「心の潤い」まで奪いかねない状況を生み出したのである。


しかし、「人とのつながり」の危機は、コロナ禍の今だから起こったこと、つまり感染症が終息すればなくなる、ということではなさそうである。実は、コロナ禍以降にもその危機が続く危険性があるのだ。

対面会話の自粛が求められたコロナ禍を契機に、コンピュータ端末によるオンライン会話が当たり前になり、学校においても滞っていた一人一台端末配備を目指すGIGAスクール構想が前倒しで進められた。それは、私たちに第四次産業革命の到来を感じさせるものであった。

この変化は、コロナ禍があってもなくてもやってきたことである。それは人間社会の進化であり、その進化を否定したり、後戻りさせたりしたほうがよいなどということを考えているわけではない。むしろ、その新時代を、どのようにして豊かなものにできるかを考えなければならないと思っている。

ただ、その新時代への転換が、「人とのつながり」を危機に陥れたコロナ禍において進められていることに不安を感じるのだ。ＩＴが人間同士のつながりを必要としないツールとして取り入れられる危険を感じるからだ。ＩＴ機器に向き合いその恩恵を受けるこれからの時代は、人との関係性が薄まる危険性がある。そうした風潮が子どものつながりを大切にする学校教育に入ってきたとしら……考えるだけでも恐ろしいことだが、それを許せば取り返しのつかないことになる。

この不安感は単なる思い過ごしではない。本年の一月に公表された「令和の日本型学校教育の構築を目指して」という中央教育審議会の答申において「個別最適」という文言が出されたからである。「個別」は「つながり」とは対極を成すものである。それが最適であるはずがない。どれだけ技術的に進化したＩＴ機器であろうと、一人ずつ個別にＩＴ端末の前で学習することによって最適な学びが実現するとは到底考えられない。

ただ、答申の概要において、「協働的な学び」とのかかわりについて次のように述べられていることを見逃してはならない。

「個別最適な学び」が「孤立した学び」に陥らないよう、探究的な学習や体験活動を通じ、子供同士で、あるいは多様な他者と協働しながら、他者を価値ある存在として尊重し、様々な社会的な変化を乗り越え、持続可能な社会の創り手となることができるよう、必要な資質・能力を育成する「協働的な学び」を充実することも重要

これを読むと、少なくとも、個別化による学びだけで深い学びが実現できるとは考えられていないことがわかる。学びにとって、探究と協働を欠いてはならないと述べているからである。その考え方に基づいて、IT端末も活用されるのなら、ICT化は、遠隔の人と人とをつなぎ、オンラインによる「対話的学び」を実現するだろう。そうなれば、「人とのつながり」は、学校教育において衰退していくことにはならない。それは、長年にわたり、「学び合う学び」を提唱し、その普及と発展に努めてきた私としては喜ばしいことになる。

もちろん、それならなぜ「個別最適」という文言にしたのか、それは未来の学校像とどうつながるのかという疑問は依然として残る。しかし、今は、そうした文言にこだわるのではなく、端末整備と「協働的な学び」をつなげて実践化していくことのほうが大切である。そこに、ポストコロナ時代における「つながり回復」への希望があるからである。

ところで、もう一つの危機である「心の潤い」についてはどうだろうか。コンピュータ越しであっても言葉を交わし思いや考えを伝え合えば互いに通い合う営みが実現できる。しかし、どう

考えてもそこには生身の人間の温もりが感じられない。人と人とのつながりや対話が機器を通したものに傾斜していきかねないこれからの時代、「人間性」とか「人間らしさ」、そして「人間的なつながり」をどう保つのか、「人間的精神」にのっとった社会づくりをどう具現化していくのか、それが問われることになるのではないだろうか。

その課題に向き合い、人間的な「心の潤い」を生みだすために大切なことはいくつもあるにちがいない。その中で、私は、芸術が果たす働きに大きなものを感じている。芸術は、感性や美を求める心とつながる行為であるだけに、より人間的な心をはぐくんでくれると思うからである。学校教育においても、美術や音楽といった芸術教科は大切に実践されていくことになってほしいが、現職であった頃、「文学の授業」の授業研究にいそしんでいた私からすれば、「文学の授業」が、芸術の学びとしても、そして何よりも、人間性を大切にするという点からも、重要な意味をもってくると思っている。

「文学」には、人の心を豊かにする力がある。人として生きるさまざまな姿が描かれた作品を読むことで、自分はどう生きるのかと考えることができるからである。人類がコロナウイルス感染症拡大という危機に瀕している今、人の心に生まれた荒み、攻撃性、廃絶性、自暴自棄といった感情を癒し、生きるための「心の潤い」を回復するために、「文学」はその期待に応えてくれるのではないだろうか。

今、私たちにとってもっとも大切なことは、新型コロナウイルス感染症との直接の闘いだが、それとともに、いかにして「心の安定と潤い」を得るのか、そのことがその次に大切にされなければならない。だから、文学を読むという行為が必要なのだ。

ただ、現実を見ると、それは簡単に実現できることではない。本離れが進んでいるからである。今、子どもたちはどれだけ文学に触れているだろうか。「心の安定と潤い」を求めて本と向き合っているだろうか。さらに、学校においても、文学の味わいを子どもたちにもたらすような授業がどれだけ行われているだろうか。教材をこなすことに追われて、さっと読み流すような授業をしていないだろうか。コロナ禍の今、文学の授業も危機に瀕しているのではないだろうか。

私が前著『ことばを味わい読みをひらく授業――子どもと教師の「学び合う学び」』（明石書店）を上梓したのは二〇〇六年のことだった。一五年前のことである。その書の「はじめに」で、次のようなことを述べている。

私は、数多くの子どもたちとの授業を通じて、文学を読む魅力は、自分にはない人生を生きられることだと思うようになった。ことばに出会い、ことばに触れ、そのことばを通して出会うことのできるもの、それが読み手である子どもたちの喜びになり、愉しみになる。その味わいを深めることこそ、文学の授業の本来のすがたではないかと思うようになった。

コロナ禍によって、人の心に不安感と荒みが忍び寄っている今こそ、一五年前の書で述べたような文学の読みとの出会いが必要なのである。読むことで自分にはない人生を生きる体験をすることに意味があるのである。それには、学校教育における「文学の授業」が必要だと考えなければならない。文学の授業で、未来を担う子どもたちが文学の感動を味わえるようにしなければならない、その思いを強くしたこと、それが、改めて文学の授業に関する本書編纂を思い立った理由である。

もちろん、「文学の授業」は、前述した「人とのつながり」の危機への対応としても大きな意味を有している。「文学」を読むだけなら個人の営みで済むことである。しかし、何人もの子どもが集って一つの作品を読む「授業」になると、そこで他者とのつながりやかかわりが生まれ、読みを学び合うことになる。そう考えると、「文学の授業」は、人と人とのつながりをつくり育てるものだと言うことができる。その私の考えは、前著の書名につけた副題にも表している。そこに私は『子どもと教師の「学び合う学び」』とつけているからである。つまり、「文学の授業」は、「人の心の潤い」をもたらすとともに、「人とのつながり」を回復することになる。そこに文学の授業への私の期待がある。

では、具体的に、本書をどのようなものにしたかということであるが、従来の教育実践書とは少し異なるものとなったように思う。

私が若い頃から読んできた教育書は、どのように授業をするかという教師の指導に関するものであった。だから、記述されているのは、教材のとらえ方であり、授業構成の仕方であり、子どもへの指導のあり方であった。もちろん子どもがどう考えたかといったことも記されてはいるが、それはそういう子どもの状況に対して教師がどう対応したか、あるいはすべきであったかを述べるためのものであった。つまり、それらの書籍は、授業研究として編纂されていたのであり、そのためそこに記された文章は常に教師に目線を向けたものだったと言える。

それに対して本書は、教師ではなく、子どもに目線を向けて記すことを大切にした。それは、「学ぶのは子どもであり、すべての子どもの学びを豊かにするために子ども相互の学び合いがあるのであり、教師は、子どもによる学びと学び合いを促進するための支えにならなければならない」という「学び合う学び」の基本理念に基づいているからである。


第I部の「子どもの読みの世界」では、子どもの学びと学び合いを描くことに徹した。子どもを、教えられる存在としてではなく学びの主体者として見つめるには、この目線が必要だと思ったからである。

私は、読んでくださる皆さんに、まるで目の前に子どもたちがいるかのように読んでもらいたいと思った。日々子どものことに心を傾けて授業をしておられる皆さんにとって、それがもっともわかりやすく、心に響くことだと思ったからである。

それには、子どもたちの様子を、できる限り臨場感あふれる筆致で描きだすしかない、そう思った。その描き方によって、あたかも目の前で子どもたちが学んでいるかのような気持ちになっていただけたら、きっと、その感覚を宿したまま、皆さん自身の教室に足を運んでもらえるだろう。そのとき、拙著で体験していただいたような目線で子どもの学びを見つめてくださったら……、それは私にとってこれ以上ないうれしさになる。

新しい学習指導要領に示された「主体的・対話的で深い学び」の授業づくりには、この目線がなんとしても必要である。学ぶ子どもの目線に立たない限り、自ら学びに向かう子どもを育て支えることはできないのだから。

しかし、学びは、子どもに任せて、子どもに取り組ませておくだけでよいかというと、決してそんなことはない。子どもが夢中になって取り組む学びが実現するには、そのように学べる子どもに育て導く教師の存在が必要なのだ。主体的に生き生きと学ぶ子どもたちの陰には、必ず、子どもたちをそのようにした教師がいるのだ。そういう意味で、教師の存在の意味は、いわゆる「一斉指導」の従来型の授業よりも大きいと考えなければならない。すべての子どもが、仲間とつながりながら、意欲を燃やして、考え探究する学びは、そこに、そのようにして学ぶ子どもたちのために、見識と意欲をもち、子どもへの温かく厳しいまなざしを向けて見守る教師が存在してこそ可能になるからである。

しかし私は、教師の皆さんを指導するつもりで本書を編んでいるのではない。私も、今もって、授業をする教師の一人であり、子どもの目線に立つ教師なのだという心持ちで述べていることである。そうでなければ皆さんの授業づくりを支えるなどおこがましいことだと思っている。これは私の外部協力者としての心構えである。私は、教室に行くことができなくなるまで、何歳になっても授業者、実践者でありたいのだから。

そういうことから、第Ⅱ部では、一転して、教師に目線を向け、子どもの学びに臨む教師のあり方について考えることにした。もちろん、ここで取り上げた二つの授業とも、魅力的な読みを出してきた子どもの存在があり、その子どもの考え等について丁寧に取り上げている。しかし、第Ⅱ部においては、その子どもの考えに向き合う教師に目線を向けて記述した。

とは言っても、前述したように、私の目線はどこまでも授業者なので、結局は、その授業をした教師のことだけでなく、私自身にも目を向けることになる。だから、子どもの読みに出会って、何に気づき、私の作品の読みがどうなったかを記すことになった。それが私の授業を参観したときの真実なのであり、そこにこの年齢になっても授業に魅せられ続けているわけがあるのだから、それは私にとって必然のことだと思っている。

そして、最終の第Ⅲ部であるが、そこには、これからの時代における「文学の授業」への私の思いを記した。それは、「はじめに」で記したコロナ禍において生まれた危機を乗り越えるこれからの時代への私の願望である。

すべての子どもが、仲間との読みの交流を通して、文学を読む魅力を感じられるようになるには、授業が「学び合う学び」にならなければならない。そして、その「学び合う学び」は、文学の味わいを深めるとともに、コロナ禍の危機への対処ともなる。

私が願うこれからの時代は、人と人とのつながりが大切にされる共生の世の中であり、コンピュータを駆使しながらも、一人ひとりが人間性豊かに生きられる世の中である。その祈りを最後に記して本書を閉じさせていただく。


お読みいただくに際し、二つ了解しておいていただきたいことがある。

一つは、本論に入る前に、文学の授業に対する「私の考える基本原則」を、図にして掲げさせていただいたことである。私は、本書は文学の授業の方法を詳述したものではないと述べた。とは言え、読んでいただくいくつかの授業には、授業をするための原則めいたものが存在しているのは紛れもない事実である。そこで、五つの授業に出会っていただく前に、その原則のようなことに目を通しておいていただくことにした。

二つ目は、読みを語り聴き合っている子どもたちの名前をすべて仮名にさせていただいたことである。それでいて了承を得て子どもの写真を掲載した授業もある。本書は、子どもの読みの魅力をベースにして編んだだけに、本書の主役は紛れもなく子どもたちである。素晴らしい読みを私たちに示してくれた子どもたちに、心から感謝し、お礼を申し上げる。

最後に、授業を提供してくださった五人の授業者の方に心からのお礼を申し上げる。このような素敵な子どもたちの読みが生まれたのは、皆さんの日常的な子どもたちへのかかわりがあったからである。心からの敬意を表したい。また、永井勝彦さん（愛知県小牧市立北里小学校元校長）にデッサンを描いていただいた。永井さんは、在職中、「学び合う学び」の授業を核とした学校づくりを推進された方である。それだけに、描いていただいた画から、学ぶ子どもたちに対する深く温かいまなざしが感じられる。ありがたいことである。

そして、本書の出版に際しお力添えをいただいた株式会社明石書店の大江道雅社長に厚くお礼申し上げる。本書は貴社のご理解がなければ生まれなかった。感謝合掌である。


どれだけ世の中が変わろうと、どのような困難なことがあろうと、人の生き方、あり方を求め、探り、そしてそれを描く文学の必要性は不変のものである。そして、子どもたちに文学を味わう喜びをもたらす「学び合う学び」による文学の授業づくりの必要性も不変のものである。

私は、そういう教師たちの営みを支え、これからも学び続けていきたいと思っている。

二〇二一年　夏　　著者

子どもの読みがつくる文学の授業●目次

第Ⅱ部　読みの深まりを引きだすために

第Ⅲ部　「文学の授業」への祈りと「学び合う学び」

【本書掲載の文学の授業について】

本書に収めた文学の授業は、すべて「学び合う学び」の実践校において行われたものである。「学び合う学び」は、すべての教科において実践されるべきものである。二〇二〇年度から実施になっている学習指導要領で強調された「主体的・対話的で深い学び」の趣旨と通じるものだからである。これからの時代における学力とは、たくさんの知識をもっているというよりも、新しい知見に向けて、自ら取り組み、探究する力だと言われているが、そういう学び方をずっと模索し続けてきたのが「学び合う学び」だったと思っている。

その学び方は、国語科、とりわけ文学を読む授業において、なくてはならない大切なものである。文学は「言語で表現された芸術作品」なのだから、知識獲得型の学びではなく、感性による味わいの学びになる。それは、決められた読み方を知識として理解させられるものではなく、さまざまな読みを聴き合うことによって、自らの読みを探し求める行為である。

第Ⅰ部、第Ⅱ部に掲載した五つの授業は、どれもそのようにして行われたものである。だから、どの授業を読んでいただいても、それぞれの授業で、登場する子どもの味わい深く魅力的な読みに触れていただけるだろう。まさにそれは「子どもの読みの世界」だと言える。

お読みいただくに当たり、私の考える「文学の授業の原則」を、次ページのように表してみた。お目通しのうえ、子どもの読みの世界を堪能していただければうれしく思う。

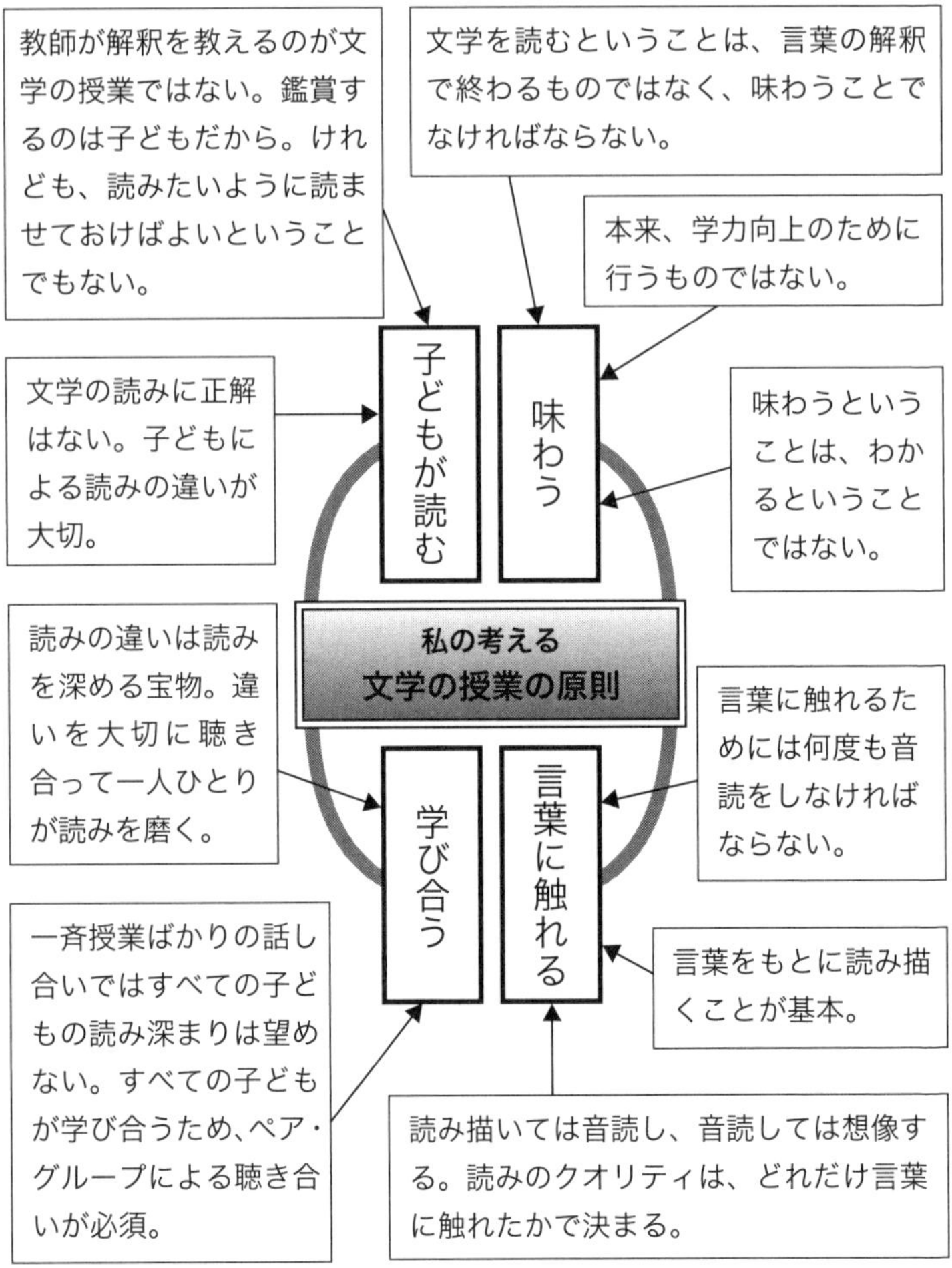
教師が解釈を教えるのが文学の授業ではない。鑑賞するのは子どもだから。けれども、読みたいように読ませておけばよいということでもない。
文学を読むということは、言葉の解釈で終わるものではなく、味わうことでなければならない。
本来、学力向上のために行うものではない。
文学の読みに正解はない。子どもによる読みの違いが大切。
子どもが読む
味わう
味わうということは、わかるということではない。
私の考える
文学の授業の原則
読みの違いは読みを深める宝物。違いを大切に聴き合って一人ひとりが読みを磨く。
言葉に触れるためには何度も音読をしなければならない。
学び合う
言葉に触れる
言葉をもとに読み描くことが基本。
一斉授業ばかりの話し合いではすべての子どもの読み深まりは望めない。すべての子どもが学び合うため、ペア・グループによる聴き合いが必須。
読み描いては音読し、音読しては想像する。読みのクオリティは、どれだけ言葉に触れたかで決まる。

第I部

子どもの読みの世界

一　知りたいことから生まれる読みの発見
～アーノルド・ローベル作「お手紙」を読む子どもたち

子どもから出てきた　読みたいこと、知りたいことが読みをつくり、その重なりから発見が生まれる

1　「お手紙」という物語

「お手紙」は、アーノルド・ローベル作、三木卓訳の『ふたりはともだち』という絵本に収められている。この絵本は、がまくんとかえるくんの友だち同士のかかわりを描いた五つの物語で組み立てられていて、「お手紙」は、そのうちの一つである。

がまくんの家にやってきたかえるくんは、玄関の前に悲しそうな顔をして座っているがまくんに尋ねる、「どうしたんだい」と。すると、がまくんは「お手紙をもらったことがない」と打ち明ける。それを聞いたかえるくんは大急ぎで家へ帰り、お手紙を書く。そして、家から出たところで出会ったかたつむりくんに手紙の配達を頼む。そしてがまくんの家に戻り、お昼寝をしているがまくんにお手紙がくるのを待つように言う。しかし、がまくんは、何度促してもそうしようとはしない。私が参観した授業は、その続きの次の文章を読み味わうものだった。三重県津市立みさとの丘学園二年生における紀平ゆかりさんの授業である。


かえるくんは、まどから　のぞきました。

かたつむりくんは、まだ　やって来ません。

「かえるくん、どうして、きみ、ずっと　まどの外を　見ているの。」

がまくんがたずねました。

「だって、今、ぼく、お手紙をまっているんだもの。」

かえるくんが言いました。

「でも、来やしないよ。」

がまくんが言いました。

「きっと来るよ。」

かえるくんが言いました。

「だって、ぼくが、きみに　お手紙出したんだもの。」

「きみが。」

がまくんが言いました。

「お手紙に、なんて書いたの。」

　かえるくんが言いました。

「ぼくは、こう書いたんだ。

『親愛なる　がまがえるくん。ぼくは、きみが　ぼくの親友であることを、うれしく
思っています。きみの親友、かえる。』」

「ああ。」

がまくんが言いました。

「とても　いいお手紙だ。」

　それから、ふたりは、げんかんに出て、お手紙の来るのを　まっていました。

ふたりとも、とても　しあわせな気もちで、そこにすわっていました。

2　本当に子どもの「知りたいこと」とは

授業の始めの七分にも及ぶ音読を終えて、まず子どもが出してきたのは、「よくわからないこと」つまり「知りたいこと」だった。

①「だって、ぼくが、きみに　お手紙出したんだもの」という意味がわかんない。
②「出したんだもの」の「だもの」がわかんない。
③「かえるくん、どうして、きみ、ずっと　まどの外を　見ているの」って、どういう意味でゆったんかなあ?!

――どうしてこれくらいのことがわからないの？

たいていの教師はそう思うだろう。

①なら、それは、かえるくんががまくんにお手紙を出したということだろう。さっきかえるくん、手紙を書いてかたつむりくんに頼んでいたじゃない。

③なら、かえるくんが何度も窓の外を見ているから、かえるくんが手紙を出したことを知らないがまくんは変に思って尋ねたという意味でしょ。

ということになるにちがいないからだ。

しかし、こういうときはよく考えてみなければならない。あれだけ何度も音読をしていて、もちろん丁寧に音読をするのはこの日の授業だけではないにちがいないのだから、その程度のことがわからないということはないと思われるからだ。

二年生の子どものことだ。自分の何がどうわからないのか、それをうまく話せないことはありうる。もしかすると、自分の「知りたいこと」はどういうことなのかもはっきりしていないのかもしれない。だから、子どもはこのようにしか言えなかったと考えられる。そう考えて、本当のところ、何を知りたいと思っているのだろうと考えてみることが大切だ。

そういうときは、子どもの言葉を何度も反芻してみることだ。そして、同時に、その子どもがわからないと思っているところを探るため、物語の文章を読んでみることだ。それでも何も見えてこないこともあるだろう。それなら、その単純なことが腑に落ちないでいたのだと判断して、丁寧に読み直すようにすればよい。けれども、この三人の「知りたいこと」からは、次のようなことが見えてきた。

かえるくんに尋ねたがまくんの言い方は、「どうして、きみ、ずっと　まどの外を見ているの」だった。それにまっすぐ答えるのであれば、「こうこうこういうわけで窓の外を見ていた」という言い方になるのが自然だ。しかし、かえるくんは、「今、手紙をまっているんだもの」と答えている。がまくんが尋ねたことに対する答えなら、語尾が「窓の外を見ていた」となるはずだ。それなのに、「待っているんだもの」という答え方をしたのは変だ、そういうふうに思われてくる。

実は、ここにがまくんとかえるくんの「くい違い」が表現されているとは言えないだろうか。

本来は、お手紙を待っているのはがまくんだ。しかし、かたつむりくんに配達を頼んだかえるくんは別の意味で手紙を待っているのだ。つまり、二人とも「待っている」状態なのだけれど、待っている意味は異なっている。その異なりについて何の説明もないまま（もちろんこのときにはまだ言えないことなのだけれど）、かえるくんは「待っている」と言ってしまったのだ。なんともユーモラスである。

そう考えると、②で出された「だもの」のわからなさも、このことにつながって解けてくる。「だもの」は辞書を引くと「感動的表現」とか「感動や強調の気持ちを表す」と示されている。ということは、かえるくんはそれだけかたつむりくんに早く来てほしかったのであり、がまくんを喜ばせたかったのだ。その気持ちが「だもの」という言い方からあふれ出たということなのだ。人がどういう言い方になるかは、そのときのその人の心理状態と深くつながっている。心にあるものは、知らず知らず言い方に表れてくるからである。

このように考えると、何でもないような①と②の子どもの「知りたいこと」は、「だって、今、ぼく、お手紙をまっているんだもの」という言い方に存在するかえるくんの思いに迫るものだったということになるのではないだろうか。

それに対して、③の「知りたいこと」にはどういう内容があるかと考えると、①②がかえるくんの思いだったのに対して、こちらはがまくんの思いを明らかにするものだと気づくことができる。

がまくんは、かえるくんに尋ねる直前、「ばからしいこと、言うなよ」とか「きょうだって同じだろうよ」と、かえるくんの誘いかけに対して完全拒否しているかのような態度をとっていた。

何度も、「がまくん」「でもね、がまくん」と話しかけ、お手紙を待つように説得してきたかえるくんに対して。

がまくんは、かえるくんに甘えていたのかもしれない。こんなふうに、感情のまま当たれるのはかえるくんしかいないのだから。がまくんにとってかえるくんは、いつも身近にいて、当たり前のように言いたいことを言って遊べる相手なのだから。

そのかえるくんが、さっきから何度も外を気にしているのだ。きっと、がまくんは、そんなかえるくんのことが気になっていたのだろう。がまくんは、かえるくんの説得に対して怒っている、感情的になって拒絶している、見方によってはそのように見えるけれど、その一方で、自分に向き合うかえるくんの様子も感じ取っていたにちがいない。そのうち、かえるくんの挙動不審さが気になってきて尋ねないではいられなくなったのだ。

このように考えると、③の子どもの質問は、がまくんの気持ちがわからないというより、「あれだけ怒っているがまくんなのに、かえるくんが外を見ていることを、わざわざ尋ねるなんて変なの！」ということになってくる。つまり、子どもたちは、尋ねずにはいられなくなったがまくん、そして手紙を出したことを言わずにはいられなくなってきているかえるくんという、くい違ってはいるのだけれど、そのくい違いを超えて何かが二人の間に流れていると感じ、それが気になっていたのだとわかってくる。もちろん、そういう明確な意識は子どもたちにはないのだけれど。

このように子どもの「知りたいこと」について考えてみると、子どもは、言葉としては表すことができていないけれど、そのことの意味に気づかないまま、かなり大切なことに気づいていると言えるのではないだろうか。

授業の中で、どきっとするような「読み」を語る子どもはもちろんいる。この後、そうした子どもの「読み」に出会っていただくのだが、この三人のような、言葉にならないけれど、よく考えればかなり大切なことに気づきかけているということだってあるのである。だから教師は、一見、何でもないようなことも含めて、子どもの言葉に耳を傾けなければならない。そういう子どもの言葉の奥にあるものに気づくことができたら、読むことは苦手だと思い込んでいる子どもの読みを引きだし、どの子どもにも文学を味わう喜びをもたせることができるからである。

子どもの読みは、可能性に満ちている。

3　言葉の重なりで読みが深まる

授業する紀平さんが読みを物語の次のところに進める。そこで、子どもたちが「どうしても知りたいこと」として出してきたのは、「だって、ぼくが、きみに　お手紙出したんだもの」と言って、自分が手紙を出したことを言ってしまったかえるくんのことだった。お手紙を出したことを言わないでかたつむりくんに配達を頼み、「いやだよ」とか「ばからしいこと」などと言われながらも決して明かさずにここまで説得してきたのに、ここで言ってしまった、子どもたちはそこがどうしても「知りたい」のだ。

このことについては、どこの学級においても子どもの関心が高い。だから、何人もの子どもが自分の考えを述べる。この授業でもそうだった。以下、子どもが出してきたものを列挙してみるが、よく読んでいただくと、子どもの読みが表面的・一般的なものから次第に深まっていることに気がついていただけるだろう。

【紗良】がまくんは、お手紙をもらえるとわからんだから、かえるくんの言うことをきかんとおったけど、かえるくんは、（がまくんが）きいてくれへんから、「だって、ぼくが、きみに　お手紙出したんだもの。」と言ったんかなと思いました。

【義也】かえるくんは、いろいろ言ったけど、がまくんが信じてくれへん。だから言ったんやと思う。

【彩矢】（ペアの）ともくんが「なんでお手紙のこと言ったかわかった」と言って、「自分の言ったことを信じてくれへんから」と言って、私もそうやなと思った。

【静雄】がまくんに、何回も同じことを言うたけど、信じてくれやん。だから言ったんやと思う。

【速人】「ばからしいこと　言うなよ」とか「今まで、だれも、お手紙　くれなかったんだぜ。きょうだって同じだろうよ」って、悪口みたいになってくるからさ、そこまで言うんならと思って、言ってしまった。

【明】なんか……かえるくんが怒っとるというのとは違って、……なんかに気づいたから……。

【いづみ】どんどん、……どんどん、（お手紙が）「来るよ、来るよ」と言ってもあかんから、どんどん心配になってきて、……ばらしちゃった。

【克己】がまくんは怒ってきたからさ、あの……かえるくんは、もう言うしかないと思ったから。

【桃香】もう言い合いも疲れたから、もうほんとのこと言おう……。

子どもたちの考えは、何回も同じことを言ったけどがまくんが信じてくれない、ということから出発し、やがて、「悪口みたいになっていく」という考えが出る。それは、二人の仲良し関係が崩されていくようないやな感じになるということなのだろう。それに対して、「かえるくんが怒っているということではなく、かえるくんが何かに気づいたから」という考えが出る。そう発言した明の「怒っているというのとは違って」ということはかなり重要だけれど、それにも増して「なんかに気づいた」の何に気づいたのかが彼にもわかっていないようだ。こういうときは、子どもたちのやりとりを見守るしかない。

するとｙ、今度は、いづみが、かえるくんは「心配」になってきたのだと言う。するとそれに続いて桃香が「疲れたから、もうほんとのことを言おう……」と発言する。

子どもはよく聴きよく考えている。「がまくんは信じてくれない」と思ってはいても、かえるくんは怒ってはいないという子どもたち。本当に二人の関係がよくわかっている。けれども、何度言っても考え方を変えないがまくんのことが、次第に心配になり、それがかえるくんの疲れになってきたということも、かえるくんに身を寄せて読んでいるから感じられることだ。

しかし、子どもの読みは、留まりかけたところから動き始めることが多い。そういうときは、必ずと言ってよいほどこれまでにない気づきをだれかが出す。それも、唐突に、ひらめいた！と言わんばかりの勢いで。

【緑】あっ、もしかしたら、……かえるくんは、がまくんを怒らせたくなかったんかもしれん。

「かえるくんは疲れたから」という考えが出て、そうやなあという雰囲気が流れかけたときだった。その空気を破るかのように、緑が、突然叫ぶように言ったのだ。

こういう言葉にはインパクトがある。一人の気づきはほかの子どもの気づきを生む。このときもそうだった。即座に、「それはある……」という声が飛び、それに呼応して「親友やからなあ」「うん、手紙に親友て書いてある」という返しが出る。それはどれも納得したというような言い方だった。

緑の気づきを皮切りに、一瞬のうちに教室に広がった読みは、「もうこれ以上、がまくんに意地をはらせ、こんなひどい言葉で怒らせたらあかん。親友やから。だからかえるくんはもう限界やったんや」というものだった。

子どもたちは、かえるくんのがまくんへのやさしさを強く感じ始めている。読んで味わい、仲間の話を聴いて味わう、そういう読み合い・聴き合いの「層」を重ねるうち、子どもたちの読みは、少しずつ少しずつ深くなっていく。そのことを実感するシーンである。

4　子どもの読みで物語の奥行が見えてくる感動

この学級は、どこまでも、子どもの「知りたいこと」から読みが深まっていく。

授業が半ばを過ぎた頃、二人の女の子が、次のような質問をみんなにした。

【千鶴】「親愛」と「親友」がわからん？

【恵美】お手紙に書いてあることを聞いたとき、がまくんは「ああ。」と言ったけど、どういう意味で言ったんかなあ？

紀平さんは、まず千鶴の提起したことを取り上げた。

二年生の子どもの目に、よくわからない言葉として映るのは「親愛」のほうだろう。こんな言葉を使うことはないからである。文学の読みを、どれもこれも「なぜ？」「どうして？」と考えることはよいことではない。一つの正解を求めるような読み方になってしまうからだし、何よりも読みが理屈張ってしまうからだ。けれども、知らない言葉に出会ったときは知りたくなって当然でありそれには応えてやらなければならない。

ただ、ここで出された「親愛」は「親愛なる〇〇くん」という手紙文の書き出しの決まり文句である。だから、この言葉から、手紙を書いたかえるくんの気持ちを読み取ろうとはしないほうがよい。とは言っても、がまくんのために書いた手紙に使われた言葉であり、気になっているにちがいない。

子どもたちは、千鶴の質問に対して、「親愛」と「親友」は同じような意味なのだと答えてきたので、それをいつまでも長引かせないようにと考えたのだろう、紀平さんは、「親愛」は「とても仲のよい、大切な人に使う言葉」で、かえるくんが書いているように、お手紙のいちばん始めの「だれだれくんへ」と書くときに使うのだと説明した。そして、子どもたちの目を、もう一方の「親友」という言葉に向け、それはどういうことなのかと尋ねたのだった。

お手紙が来ないと嘆くがまくんの言葉を聞き、悲しい気分で一緒に玄関に腰を下ろしたとき、かえるくんはお手紙を書くことを思いついたのだった。大急ぎで帰ったかえるくんは、それこそ大急ぎで手紙を書いたのだ。物語には、「えんぴつと紙を見つけました。紙に何か書きました。」としか書かれていないが、それがかえって急いで書いたことを表している。

つまり、このお手紙は、自分の心の内を、情感豊かに切々と書いたものではなく、端的に、もっとも言いたいことを急いで書きつけたものだということである。それが「ぼくは、きみの親友であることを、うれしく思っています」だったのだ。だから、教師は、「親愛」のほうはさらっと説明しておいて、「親友」についてはは子どもに考えさせたのだ。

子どもたちが答えてきたのは、「大の友だち」とか「いちばんの友だち」とかいうもので、それに続けて出された「大親友」という言い方にみんながうなずく。

こうしておいて、紀平さんは、もう一つ出されていたがまくんの「ああ。」という言葉に子どもたちの関心を向けた。授業の残り時間はすでに一〇分を切っている。かえるくんががまくんに、自分がお手紙を出したことを言ってしまう場面を読むこの授業の最後に、そのお手紙の内容を知ったがまくんの「ああ」を味わう、それは終わり方として実によいものだと思われた。

ここで、音読が入る。残り時間が少ないからと言って、急いで語らせないためだ。まずは、書かれている文章に戻る。それには音読がいい。まずは、めいめいでその部分を読むように指示する。そのうえで、一人の子どもを指名して音読させる。その音読を子どもたちに聴かせる。子どもたちはしんとして聴き入る。そうしておいて、さらに、ペアで感じたことを聴き合うように指示する。

ここまで丁寧にするのは、「ああ。」というがまくんの口から出された一言に、この場面の読みのもっとも大切なものが凝縮されていると判断しているからにちがいない。

ペアをした時間は一分ほどのものだった。けれども、それでもう十分だった。どの子どもも、音読をしながら心の中に浮かべていたからである。だから一分で聴き合うことができるのだ。

子どもたちが語り始める。

【裕美】「すごい、いいお手紙やなあ」と思って、「ああ」って言った。

【正夫】「ああ」っていうのは、がまくんは一回もお手紙をもらったことがないけど、かえるくんががまくんにお手紙出して、それを言ったから、……なんか……「うれしいなー」という意味で「ああ」って言ったんやと思う。

「すごい、いいお手紙やなあ」「うれしいなー」と、がまくんになって話す子どもの言葉。そこにはお手紙をもらえる喜びが感じられる。子どもたちは、確実にお手紙をもらったがまくんに共鳴している。

紀平さんは、「うれしいなー」と言った子どものすぐ後ろに座っている淳史に発言を求める。ペアが終わると同時に勢いよく手をあげていたのを目にしていたからだろう。名前を呼ばれた淳史は、いやに神妙な顔をして立ち上がる。

授業時間は残り少ない。彼は、考え、考え、話し始める。その彼の言ったことが、この時間の「読み味わい」のフィナーレにふさわしいものになるとは、指名した紀平さんすら予想していなかったかもしれない。

【淳史】えっとさ、……あのう、……「親友」ってことを、がまくんは思い出したんと違う？　かえるくんが「親友」やということを。

淳史が「思い出したんと違う？」と言ったそのときだった。何人かの子どもが、「あ〜ぁ」と声を漏らした。

その声が、淳史のその後の「かえるくんが『親友』やということを」という言葉にかぶさる。それは、「かえるくんは親友だったということを思い出したんや。そうかあ」という気づきだったとも言えるし、その思いがけない発想に対する感嘆の声だったとも言えた。

すると、淳史の前に座っている、「うれしいなー」と直前に発言した正夫が、目を宙に向け、手を頬に当てながら考え込んだ。そして、その顔を淳史のほうに向けて、彼にこう尋ねたのだ。

【正夫】忘れとったということ？　「親友」やということを……？

【淳史】そう。それで（思い出した）。

【正夫】「ぼくは、きみが、ぼくの親友であることを　うれしく思っています」って書いてあって、それで（かえるくんが親友やということが）わかって、……それで、「ああ」って言ったっていうこと？

【淳史】うん。……そう言えば、そうやなあって。

「ああ」にがまくんのうれしさが表れていることは、だれもが感じることである。さっきまで、お手紙がこない、自分にお手紙をくれる人なんているとは思えない、と言って嘆いていたがまくんにとって、お手紙を書いてくれる友だちがいたという喜びはどれほどのものかと子どもたちは感じている。その喜びががまくんにとって思いがけない形で訪れた。自分のことを「親友」とまで書いてくれたのだ。だから、「いいお手紙だ」「うれしいな」という思いが「ああ」という言葉になって漏れ出たのだという裕美や正夫の考えには納得である。

しかし、淳史が語ったがまくんの喜びは、もっと深いものだった。がまくんが嘆いていたのは、お手紙が来ないということだけれど、それは、単にお手紙が来ないということではなく、手紙を出してくれるような友だちがいないということだったにちがいない。がまくんの嘆きは、友の存在を求める嘆きだったのだ。

その嘆きを、がまくんはかえるくんに打ち明けた。がまくんにとって、かえるくんは、何でも言える、いつも身近にいる、いわば空気のような存在だったのだろう。

そのかえるくんが、お手紙を書いてくれた。

淳史が気づいたのは、がまくんにとってこの上ない友だち、それはかえるくんだったということなのだ。いつも普通に接しているかえるくんこそ、いちばんの友だち、もっと言えば「親友」だったのだ。こんな身近に、そのいちばんの友だちがいたのだ。

がまくんの「ああ」は、そのことに気づいた「ああ」だというのが淳史の考えなのだ。

淳史は最後にこう正夫に返している。「うん。……そう言えば、そうやなあって」と。ここに、彼が、がまくんになって、この物語の成り行きを味わっていたことが表れている。自分では、かえるくんがいちばんの親友だなんて思いもしていなかったけれど、そう言えば、そうやなあ。かえるくんほどの親友はいない、彼は、そう思うがまくんになっていたのだ。

正夫が言った「うれしいなー」のうれしさが、お手紙が来るうれしさであってもよいのだし、お手紙に書かれていることへのうれしさであってもよいのだ。そこに、「かえるくんこそ、いちばんの親友だったんだ」といううれしさも加えて子どもたちが読んだ。それが素晴らしい。

授業は終わった。

この後、淳史の言ったことがほかの子どもたちにどう響いたのかは私には知る由もない。たぶん、もう一時間、かたつむりくんがお手紙を届けた最後の場面を読むことになるだろうから、そこで淳史の言ったことが、再度子どもたちから出されているにちがいない。

子どもの読みの魅力

この物語は、やさしさあふれる物語だけど、お互いのやさしさに裏打ちされた「くい違い」の面白さ、ユーモアが私たち読み手を温かく包んでくれる物語である。

これは、この学級の子どもたちの読みに出会って私が得たものである。

がまくんは、お手紙が来るのを待っていた。けれども、かえるくんも、かたつむりくんが運んでくるお手紙を待っていた。つまり、二人ともお手紙を待っていたのだ。けれども、待っていることの意味は同じではなかった。そこに「くい違い」がある。

　そして、がまくんは、かえるくんが、お手紙を待っていることも、そうすることの意味も知らない。もちろん、かえるくんがお手紙を書いてくれていることも。そこに二つ目の「くい違い」がある。

　この授業で読んでいた場面ではないが、物語の最初と最後に、二人が玄関に座っている挿絵がある。最初の場面には「ふたりとも、かなしい気分で、げんかんの前に　こしを下ろしていました。」と、最後の場面には「ふたりとも、とても　しあわせな気もちで、そこにすわっていました。」と書かれている。それは「かなしい気分」が「しあわせな気もち」に変化したということなのであり、読者はほのぼのとした思いになるのだが、そのときもお互いの心の中は同じではない。もちろん最初の場面も最後の場面も。それも「くい違い」である。

　しかし、それらの「くい違い」は、どれも、それがお互いに対する「やさしさ」で裏打ちされている。くい違っていることは、読む私たちを心配させたり、どきどきさせたりする。けれども、その「くい違い」の向こうに「やさしさ」と二人の「つながり」が見えるから、安心して、ユーモラスに味わうことができるのだ。

　私は、これまで何度もこの物語の授業を見せてもらった。しかし、やさしさやユーモアは感じたけれど、「くい違い」ということを強く感じたことはなかった。ところが、この授業の子どもたちの言葉に触れて考えていくうち、これはくい違っているから面白いのだ、くい違っているから温かいのだと感じるようになったのだった。

そして、「ああ」について考え合っている中で登場した淳史という子どもの考えを聴いたとき、それまで、存在しながら表面に出ていなかった「くい違い」の向こうにある「つながり」が一気に姿を現したと感じた。

この物語は『ふたりはともだち』という絵本の中の一編だということを冒頭で紹介した。つまり、この絵本は、がまくんとかえるくんの「ともだち」のありのままを描いたものである。そこにずっと流れているのは二人の「つながり」なのだ。「くい違い」と「つながり」、この授業は、そのことの面白さと大切さを私に教えてくれたのだ。

そう言えば、その「くい違い」と「つながり」は、「学び合う学び」にとって欠くことのできない重要点である。私たちは「くい違い」の中で生きている。「違い」をどう受けとめ、「違い」からどう学ぶか、そこに人生の深まり、学びの深まりがある。そして、その「くい違い」を超えて「つながり」をつくれるかどうか、それは「学び合う学び」の重要点であるとともに、人生にとっての大きな課題である。

それが、「お手紙」の授業をしたみさとの丘学園の紀平さんの教室で生まれたということに感慨深いものを覚える。津市立みさとの丘学園は、二〇一七年に開校した小・中一貫教育を行う義務教育学校である。三つの小学校と一つの中学校が統合するとき、四つの学校の子どもたちをつなぐのは「学び合う学び」の精神と実践だと意思統一された。紀平さんは、そんな当校の教育を支える授業づくりをしてきた教師であり、その紀平さんの教室から、「くい違い」と「つながり」という、優れた味わいが生まれてきたということは納得である。

この物語にある「くい違い」でもっとも愉快なのは、早く届けたいお手紙をのろくしか進めないかたつむりくんに頼んでしまったことだろう。しかし、それも含めて、すべての「くい違い」がこの物語を温かみのあるものにし、読み手の心をほっこりさせている。その象徴が、かたつむりくんが到着するまで四日もの間、二人が待ち続けたことではないだろうか。温かみのあるユーモアほど素敵なものはない。

「お手紙」の物語は、子どもたちに、いえ、子どもだけではなくすべての人々に対してこんなにも素敵なものを与えてくれているのだ。そのことに改めて気づくことができたこの授業に感謝である。

二　聴き合いが子どもにもたらす文学を読む喜び

～あまん　きみこ作「おにたのぼうし」を読む子どもたち

グループにおける対話で生まれる読みの気づき
文学を味わうわくわく感はここにある

1　「おにたのぼうし」という物語

「おにたのぼうし」は、小さな黒おにの子ども「おにた」の物語である。

おにたは、人間の家の物置小屋にこっそり住んでいて、なくしたビー玉を拾ってきてやるとか、にわか雨のとき洗濯物を取り込んでおくとかする気のいいおにだった。しかし、節分の夜の豆まきを避けるため、住んでいた小屋を出ていく。そして、豆のにおいのしない家を見つける。その家に住んでいたのは一人の女の子。その子は、一人で病気のお母さんの看病をしていた。「おなかがすいたでしょう?」というお母さんの声に、女の子は「あったかい赤ごはんとうぐいす豆を知らない男の子が持ってきてくれた」と答える。おにたは、それがうそだと見破ると夢中で外に飛び出していく。

しばらくして、入口をたたく音がして女の子が出ていくと、雪まみれの麦わらぼうしをかぶった男の子が立っていた。おにたである。「節分だから、ごちそうがあまったんだ。」と男の子が差し出したのは、温かそうな赤ごはんとうぐいす豆。女の子の顔がぱっと赤くなる。

この日の授業で読んでいたのは、その続きの次の部分である。学級は、三重県津市立敬和小学校三年一組、授業者は、片岡弓さんである。


女の子がはしを持ったまま、ふっと何か考えこんでいます。

「どうしたの？」

おにたが心配になってきくと、

「もう、みんな、豆まきすんだかな、と思ったの。」

と答えました。

「あたしも、豆まき、したいなあ。」

「なんだって？」

おにたはとび上がりました。

「だって、おにが来れば、きっと、お母さんの病気が悪くなるわ。」

おにたは、手をだらんと下げて、ふるふるっと、悲しそうに身ぶるいして言いました。

「おにだって、いろいろあるのに。おにだって――。」

氷がとけたように、急におにたがいなくなりました。あとには、あの麦わらぼうしだけが、ぽつんとのこっています。

「へんねえ。」

女の子は、立ち上がって、あちこちさがしました。そして、

「このぼうし、わすれたわ。」

それを、ひょいと持ち上げました。

「まあ、黒い豆！　まだあったかい……。」


お母さんが目をさまさないように、女の子は、そっと、豆をまきました。

「福はあ内。おにはあ外。」

麦わらぼうしから、黒い豆をまきながら、女の子は、

「さっきの子は、きっと神様だわ。そうよ、神様よ……。」

と考えました。

「だから、お母さんだって、もうすぐよくなるわ。」

ぱら　ぱら　ぱら　ぱら

ぱら　ぱら　ぱら　ぱら
とてもしずかな豆まきでした。

2　おにたが　黒い豆?!

氷がとけたようにいなくなった男の子。そこにぽつんと残っていた麦わらぼうし。その中にあったのは、まだ温かい黒い豆。

さっきまで麦わらぼうしをかぶっていたのは男の子である。つまりおにの子どものおにただ。「おにが来れば、お母さんの病気が悪くなる」と女の子に言われてしまったおにただ。その麦わらぼうしの中にあった黒い豆。

作者は、その黒い豆が何を表しているのかは書かない。それを感じ取るのは読者。何も知らない女の子と消えた男の子。その場に流れる、心を寄せながらもつながり合えない二人、その言うに言われぬ空気感。それを、あたかもその場にいるかのように読み描いてほしいからだ。

何人かの子どもが、この日読み味わう文章を繰り返し音読する。しんとして聴き入る子どもたち。音読が終わり、机を向かい合わせにする。文章に触れたらグループになって気づきを出し合う、それがこの学級の常なのだ。

グループの中に、浩也、絢奈、そして外国につながる子どもであるスミレという三人グループがあった。その三人が、この後、二日間にわたって、子どもが文学を味わうとはこういうことなのだ、読みを聴き合い学び合うとはこういうことなのだと感じさせる対話を繰り広げることになるとは、片岡さんはもちろん、本人たちも思いも寄らないことだっただろう。

浩也	
絢奈	スミレ

対話は、グループになるのを待ちかねたように語りだした絢奈の次の一言で始まった。

【絢奈】わかった、わかった。ここに「あたしも、豆まき、したいなあ」って書いてあるやろ。（スミレ「うん。」）そやから、おにたは……。

絢奈は、「わかった、わかった」と勢い込んで語りだした。けれども、「そやから、おにたは……」と後が続かなくなった。絢奈が取り上げたのは「あたしも、豆まき、したいなあ」という女の子の言葉である。けれども、その後言おうとしたのは、「おにたは」と言い始めているのだから女の子のことではなくおにたのことだった。ということは、女の子の言葉に触れたおにたのことについて何かがわかったということなのにちがいない。絢奈は何に気づいたのだろう。

「あたしも、豆まき、したいなあ」という女の子の一言は、おにたに衝撃をもたらしている。

「なんだって」という驚きの一言が発せられているからだ。絢奈は、そのおにたの衝撃を言いたかったのだろうか。それとも、そのような読んですぐわかる程度のことではなく、消えたおにたについて何か気づいたということなのだろうか。

後が続かなくなったということは、自分が気づいたことは何だったのか、はっきりしていないということなのだが、子どもの読みの気づきは、多くの場合、このように生み出される。大切なのは、こういう子どもの、まだ形になっていない気づきを出せる場があり、受けとめる仲間がいることだ。

絢奈の話が途中で途切れたのを受けて口を開いたのは浩也だった。絢奈が語りだしたことに共感したからにちがいない。

【浩也】あのね、自分だけ豆まきしてないと思ったから、「あたしも、豆まき、したいなあ」って言って……、でも、おにたはおにやからびっくりして、でも、女の子が「豆まきしたい」って言ってるから、そやからとけて……。

浩也は、女の子の「豆まきしたい」という言葉がおにたに強烈なインパクトをもたらしたと読んでいた。おにたがとけていなくなったのは、その女の子の言葉によるショックからなのだと言っているからだ。その浩也の言葉に絢奈が小声で反応する。「そう、そうなんだ」というように。すると、ここでもう一人のスミレが口を開く。

【スミレ】女の子は貧乏やから、だから、女の子、豆まきしたくて、おにが来たらこわいから。だから、おにたはいきなりいなくなって、それで、あの麦わらぼうしをとったら、持ち上げて取ったら、あの……、黒い豆があった。

スミレも女の子が豆まきをしたいと言ったことから話し始めた。そしてその後、男の子がいなくなって置かれていた麦わらぼうしをとったら黒い豆があったというこの場面の状況を話す。スミレは、女の子の側から女の子の目に映ったように説明している。それは、彼女が女の子に寄り添い、もっと言えば女の子の気持ちに同化するように読んでいることを表している。「貧乏やから」とか「おにが来たらこわいから」とか言っているところに、そういうスミレの目線が見えている。

そんなスミレが、この後、大きな驚きとともに、おにたの側に目線を移すことになるのだが、その引き金となったのが、このとき何気なく話した麦わらぼうしの中の「黒い豆」だった。

スミレは、この「黒い豆」がどういう意味をもつのかわかっていなかった。彼女は、おにたが「いなくなった」とき麦わらぼうしが残されていて、それを持ち上げたら黒い豆があったと、女の子の目に映ったそのままを語ったに過ぎない。

すると、絢奈がそのスミレの言葉につなげるように、ぼうしの中にあった黒い豆は豆まきをしたいと思っていた女の子にとってとてもうれしいもので、だから黒い豆を残してくれた男の子のことを神様だと思ったのだということを語った。

そのときである。その絢奈の言葉を遮るように浩也が勢い込んで口を開いた。

【浩也】あの……その……豆まきがやりたかったから、だから、たぶん、それで神様やと思ったんやろ。

浩也は、絢奈が「女の子が男の子のことを神様だと思った」と言いだしたので、我慢できなくなって、絢奈の言葉が終わらないうちに口を開いたのだ。それは、女の子がおにたのことを神様だと思ったことよりももっと目を向けなければならないことがあると思ったからである。浩也がそれほど強く思っていたこと、それは、おにたがいなくなって黒い豆が残された、それはおにたがどうなったことを意味するのかということだった。どうやら、絢奈もスミレもそのことに気づいていないようだ。そう思った彼は、黙っていられなくなったのだ。彼は、次のように言葉を続ける。

【浩也】神様だと思っているけど、……おにたがいなくなって、黒い豆があったから、おにたが黒い豆。

麦わらぼうしの中に残された黒い豆。その豆を残してくれた男の子のことを女の子は「きっと神様だ」と言ったのだけれど、その黒い豆は、女の子に神様だと思われたおにた自身なのだ。浩也はそう言ったのだ。

この言葉を耳にした途端、スミレが驚いたように浩也の顔を見た。

そして、「ほんとに、そうなの？」と言わんばかりに浩也を指さし、興奮気味にこう叫んだ。

【スミレ】おにたは、黒い豆?!

スミレにとって黒い豆がおにただとは考えもしないことだった。女の子に身を寄せるように読んでいたということもあり、おにたが女の子

のために黒い豆を残していなくなったとだけ考えていたのだろう。
ところが、浩也が「おにたが黒い豆」と言い切った。浩也を指さし「おにたは、黒い豆?!」と叫んだスミレは、その後、そうだったのかというようにつぶやく。

【スミレ】だから、豆なんや。なるほど。……っていうことは、おにたは……、おにに放った豆なんや。

スミレの頭の中を、「おにたが黒い豆」が駆け巡る。「……っていうことは」……、スミレは考える。そして、とんでもないことに気づく。それは、おにたが、女の子がおにに投げる黒い豆になったのだということに。
すると、浩也が、「おにたはおにに放った豆」というスミレの言葉に弾かれたように、再び口を開く。

【浩也】おにたは黒い豆やから、おにを退治するためにおにたは黒い豆になっとって……、そやけどおにたっておにやろ、おにたでおにをやっつけとるみたい。

「おにたでおにをやっつけとる」、浩也はそう言った。この浩也の言葉がスミレの心に突き刺さる。スミレは、「おにたは、おにに放った豆なんや」とつぶやいた。男の子が消えた後に現れた状況からして浩也の言うことに疑いようはなかった。けれども、改めて「おにたでおにをやっつけとる」と言われると、スミレは受け入れ難くなる。

【スミレ】でも……。

頭でわかっても、気持ちがその現実を拒もうとする。おにたでおにをやっつける、そんなひどいことが……。スミレの気持ちは乱れる。

【スミレ】でも……、普通の豆やから、……おにたが豆やから。……だから、ぼうしの中に黒い豆があったんや。

スミレの口から出たのは、相反する二つのことだ。麦わらぼうしの中にあった豆は「普通の豆」なのではないか、普通の豆だと思いたい、でも、「おにたが豆」なんやから……、それはついさっきまで考えもしなかったことだ。スミレは困ってしまう。

けれど、「おにたが豆やから」と口にしたそのとき、それが事実である確証が浮かびあがる、それがふっと口に出た「だから、ぼうしの中に黒い豆があったんや」だ。

スミレは、心やさしい子どもである。グループになったばかりのとき、「女の子は貧乏やから」と言ったところにもそれが表れている。食べるものもないほど貧しい女の子、そんな状況でお母さんの看病をしている女の子、そんな女の子のことにスミレは心を痛めていた。そういうスミレだから、おにたについても「おにたが自分自身をやっつける豆になる」ということは受け入れ難いのだ。けれども、浩也が言うように考えれば辻褄が合う。スミレの心は複雑さを増す。

文学を読むということは、時として、自分を読むことになる。どういうことが書かれたどういう物語なのかということでは済まなくなる。登場人物に同化して、ともに喜んだり、悲しんだり、沈みこんだり、気分爽快になったりするかと思えば、登場人物の言動に強い違和感が生まれ怒りを抱いたり、自分とのあまりの違いに羨望のまなざしを向けたりもする。文学を読むということは、いつの世でも、人々に、自分とは何か、自分の生きざまはどうなのかと迫ったり、自分では気づけなかった自分の心のありようを知るきっかけを与えてくれたりする。

スミレは、おにのおにたが節分の豆になるという衝撃の事実に出会い、その物語を読まなければならないことへの戸惑いの中に置かれてしまった。

心やさしいスミレは、この後、この考えの迷い、心の乱れをどうしていくことになるのだろうか。そこで、浩也や絢奈の読みとどうかかわるのだろうか。

3　黒い豆がおにただと言い切ることへの抵抗

三日後、再び三人が向き合う。この日、対話の口火を切ったのは浩也だった。

【浩也】おにたは黒い豆になったやろ。投げられたから、おにたはおらんくなったやろ。福は内、おには外って、粉々になって、おにたはもうおらんくなったやろ。でも、それは、もう……。そやから、おにたは、もうおらんくなったけど、でも、女の子は気づいてない。気づかんと黒い豆を投げとったから、その子は、たぶん、まだ、おにやとはまだ気づいてないから豆まきした。

【絢奈】それなら、おにを投げとる。

【浩也】うん。そうやんな。

【スミレ】うん、そうやで。

【絢奈】すごいもの投げておにを退治しとる。

「おにたが黒い豆」と切り出した浩也は、三日間のうちにその考えをさらに進展させていた。女の子に投げられた黒い豆は、粉々になっていなくなったのだと。それを聞いた絢奈は「それなら、おにを投げとる」のだと言う。

そして、スミレも、「うん、そうやで」と軽く応じる。三日前のスミレとは思えないほどあっけない受けとめである。あのときの迷いや戸惑いはなくなったのだろうか。

そのわけは、この後のスミレと浩也のやりとりでわかってきた。先ほど浩也は、おにたが粉々になっていなくなったという残酷ともとれることを言っていたが、話の後半、女の子がそのことに気づいていないということを語っている。スミレの耳はそこに反応したのだ。このとき、彼女の頭に浮かんだのは、投げられているおにたではなく、何も知らず投げている女の子になったのだろう。だから、「そうやで」という同意は、女の子は何も知らず投げていることがそうだということへの同意だったのだ。だから、彼女は、次のように話しだす。

【スミレ】おにたは豆になったやん。で、投げられた。おにが来やんようにな。でも、おにたは、……だから、だから、女の子が豆まきしたいから豆になって、……だから女の子はまだおにたが豆になったことはまだわからんの。それで、おにたがいきなりおらんくなったから、だから、さっきの子はきっと神様だわ、そうよ神様よってだから言った。

【浩也】このお話でさ、「とてもしずかな豆まきでした」って書いてあるけど、このお話に続きがあったら、この女の子、男の子のことずっと探しとると思うよ。

【スミレ】そやな。

女の子が投げているものはすごいもの。けれども、女の子はおにたが豆になったとは知らない、知らないからこそ、女の子はおにたが扮した男の子を「神様」だと言ったのだとスミレは語っている。そして、浩也の「話の続きがあったら、女の子は男の子をずっと探している」という考えに素直に同意している。

けれども、ここで浮かびあがるのは、黒い豆がおにただということへの三日前の違和感はどうなっているのかということである。三日間のうちに、気持ちも落ち着き、納得するものになっていたのだろうか。それとも、まだ、三日前の戸惑いを引きずっているのだろうか。その答えは、さきほどの「そやな」という言葉の余韻が残る中、表出されることになる。

【スミレ】おにたは豆になったんやな？　でも……、でも……、おにたは投げられたんやな。おにたは逆にちっさくなって、豆にならんと、逆にちっさくなって、……ほら、だって、ぽつんと残ったやんか。だからきっとおにたは小さくなったん違う？　豆と一緒に小さくなったから、ぽいって投げられて、雪のほうへ、そやで消えたん違う！

スミレの言っていることはある意味、支離滅裂である。「豆になったんやな」と言ったかと思うと、「豆にならんと」と言いだす。おにたが投げられたことは認めているようだ。麦わらぼうしをかぶっていたのはおにたなのだから、それを否定することはできないからだ。でも、おにたが豆ではあってほしくない。粉々になってほしくない。では、どう考えればよいのか……。

スミレは言う。おにたは「小さくなった」のだと。文章には、「急におにたがいなくなりました」としか書いてない。けれども、スミレは、いなくなったのは豆になって消えてしまったのではなく、もっと言えば死んでしまったのではなく、小さくなったのだと考えたのだ。では、どう投げられたのかというと、それは豆と一緒に「ぽいって投げられた」のだと言う。

おにたが豆であってほしくない、しかも、「おにはあ外」と言って、お母さんの病気を悪くするおにとして投げられ消えてしまう、おにたをそんなふうにしたくない、スミレの心の中の本心がここで表に現れたと言っていいだろう。

【絢奈】豆は残ってない。落ちとったんやろ。
【スミレ】おにたはかわいそう。だって外やで。
【浩也】豆はおになんやんな。
【絢奈】豆はおにたなんやろ。
【スミレ】おにたはだんだんちっちゃくなった。
【絢奈】おにたは豆に変わった。
【スミレ】だっておにって何でもできるやんか。
【浩也】そうとは限らんよ。

【スミレ】きっと、おにた、マジックできるん違う。だってちっちゃくなったんやもん。

【浩也】……（何かつぶやく）

【スミレ】だってそうやん。おにたは豆になったんやもん。

【浩也】家をやっと見つけたから……。

【絢奈】どうやって豆になったん。

【スミレ】豆になったんと違うんじゃない。だんだん、ちっちゃくなったんちゃう。一緒にもったとき小さくなった。豆にならんと。豆と一緒に……。

【絢奈】勝手に消えてったん？　勝手に豆になって消えてったん？

【スミレ】違う違う。


おにたは豆ではなく、小さくなって豆と一緒に投げられたというスミレの考えは、途端に、絢奈と浩也の反論を受ける。そのことによって、スミレの感情が前面に出てくる。「おにたはかわいそう」と。そして、屁理屈とも言える理屈をこね始める。「おには何でもできる」「マジックできる」と。

スミレがそうなったのは、おにたが「おには外」というふうに投げられて外に落ちた、その様子を想像したからだ。スミレは、おにたが豆になってそうなることがかわいそうでたまらなくなったのだ。だから、やっぱりおにたが豆になったというふうに考えたくないのだ。

しかし、スミレの言っていることは右に左に揺れる。「おにたはだんだんちっちゃくなった」と言っていたにもかかわらず、突然「豆になった」と言い、そうかと思うと、「豆にならんと、豆と一緒に」と言い始める。

スミレもきっとわかっているのだ、おにたが黒い豆だと。けれども、そうだとすると、おにたがかわいそうでそれを認めたくないのだ。これは心やさしいスミレの抵抗なのだ。おにたが豆だとわからせようとする絢奈と浩也、それに抵抗するスミレ。特にスミレと絢奈が膠着状態に陥った。

そのときだった。浩也が二人の間に割って入ったのだ、次のように。

【浩也】女の子が言うた瞬間にちっちゃくなってちっちゃくなって豆になって麦わらぼうしの中にかくれとった。

【スミレ】そう、うちもそう思った。

スミレは、この浩也の言葉に救われた。

人は、反論されると守りに入る。スミレの状態もそのようなものになっていた。このとき浩也の言った「ちっちゃくなって」は、何度も何度もスミレが口にしていたことだ。もちろんスミレは「おにたが豆になったのではない」という理由として言い張ったことであり、浩也の言った「ちっちゃくなって豆になった」ということとはくい違っている。それでも、スミレはいかにもうれしそうに「そう、うちもそう思う」とうれしそうにつぶやいた。それは、浩也が最後に言った「麦わらぼうしの中にかくれとった」という一言がスミレの心に届いたからではないだろうか。おにたは消えたのではなく、生きてぼうしの中にかくれていたという浩也の考えが、スミレを安堵させたにちがいない。

本気で物語と向き合えば、ここでスミレと絢奈がやり合ったような、考えのすれ違いも起きてくる。それを避けていては深まりは生まれない。ただ、互いに自説を主張し合うだけになると堂々巡りになり先行きが見えなくなる。こんなとき、浩也のように融和的に入ってくるだれかがいると、どちらが正しいかではない互いの考えを尊重し合う方向で落ち着いていく。そして、対立しているように見えた絢奈も、吹っ切れたように口を開く。

【絢奈】こういう意味？　こういう意味？　……なあ、なあ、麦わらぼうしの中でおにたがちっちゃくなって、生きとるんやろ、まだ。

絢奈も、浩也の言葉で改めておにたの状況に目を向けたのだ。もしかすると、絢奈も、麦わらぼうしの中でおにたに生きていてほしかったのかもしれない。だから、浩也がそこまで言っていないにもかかわらず、「生きとるんやろ」と口にしたのだ。しかも、その言い方が「なあ、なあ」と、聴いてほしくてたまらないという口調なのだ。やや意地になってスミレとやり合ってしまったけれど、そこから脱出したときに、「生きている」というスミレにとっても絢奈にとってももっともうれしいところに行き着いた。

この気づきのうれしさが、三人の読みに弾みをつける。


【スミレ】まだ生きとる。

【絢奈】豆にかわったん？

【スミレ】そう。

【絢奈】変身や。

【浩也】ぼうしの中に、ぼうしの中にちっちゃいおにたがおって、それで、ぼうしをとったときにはもう黒い豆になっとった。

【絢奈】すごい！

【スミレ】だって、ほら、守ったらうちの人にほめられるし。ほんとやな、おにたはやさしいな。

【絢奈】やさしいおに。自分の命を豆にした。

【浩也】だから、自分の命を豆に変えたんやろな。

おにたはいなくなったわけではない。小さくなって小さくなって、生きたまま豆に変わった。変身した。三人でここまで語り合い聴き合って、そう絢奈の頭の中にはっきりと描きだされた。そのとき絢奈の口から出た言葉は「すごい！」だった。

それに対して、スミレも違う言葉でおにたのすごさを表現する。それは「おにたはやさしいな」だった。黒い豆になったのは女の子のためだとわかっているからだ。すると、絢奈もつぶやくように言う「やさしいおに。自分の命を豆にした」と。「生きたまま豆になる」というイメージがこの気づきをもたらしたのだ。それを聴いた浩也も、そうなんだというように語りだす。「だから、自分の命を豆に変えたんやろな」と。そのとき、スミレがつぶやくように言う。

【スミレ】だって、女の子が貧乏やから女の子のためにやったん違う。

女の子が貧乏だということは初めのグループのときからスミレが言っていたことである。スミレの頭の中には、貧しい女の子に対するおにたのやさしさという図式がかなり早い時期から存在していたと思われる。それが、ここにきてはっきりと感じられてきたのだろう。

そのスミレの言葉を聴いた絢奈が、はっと気づいたようにスミレに向かって言葉を出す。

【絢奈】あ！　貧乏やから「福は内」って言うた。

【スミレ】ああ〜。

絢奈が気づいたのは、「貧乏」と「福は内」とのつながりの背景に、病気のお母さんをたった一人で看病をする女の子の貧しさがあるということであり、それだけに女の子にとって「福」が来ることがどれほどうれしいことなのかということだった。「福は内」は、まさに女の子にとって本当の「福は内」にならなければいけないものだ、絢奈の気づきはそういうものだったにちがいない。

その絢奈の言葉が発せられた瞬間、教室中に響くような声でスミレが叫んだ。

「ああ〜」と。

4　「福」が来ることの喜びが子どもたちのうれしさに

「福は内」という豆まきの言葉は、単なる季節の風物詩と

して慣例的に行う場合、それを口にするとき切羽詰まった思いはなく、なんとなく幸せが来てほしいというものでしかない。しかし、「おにたのぼうし」という物語の女の子にとっては、祈りのような言葉なのだ。

女の子のために自分の命を豆に変えたおにたの思い、その切ない思いが流れる中、響いた女の子の「福はあ内」という声。

そこまで、子どもたちは、一度もその「福はあ内」という言葉に立ち止まって考えることはなかった。節分になれば自分たちも口にしている言葉だということもあるのだろう。その言葉に、これほどまでもの女の子の願いがあるとは、考えてもいなかった。子どもたちは、そのことに自分たちで行き着いたのだ。

読み味わいに欠かせないものの一つに音読がある。言葉と文章に出会わなければ、物語の機微に触れられないからだ。だから、片岡さんは読み進める中で何度も何度も音読を入れる。

このときもそうだった。グループの学びを中断し音読を入れた。子どもたち全員が耳を澄ます中、音読をする子どもの声が教室に響く。そのうえで、また、読みがグループに戻された。

この三人が心に宿していたのは、さきほど出たばかりの「福はあ内」のことだ。音読を聴きながらも、三人の心の中を去来していたのはそのことだったにちがいない。だから、再びグループに戻った途端、語り始める。

【スミレ】女の子が貧乏やから「福は内、おには外」。……やっぺ〜、めっちゃやさしい。

【絢奈】この女の子のかわりに、福になったんちゃうの。

【スミレ】これ、絢奈、すごい考えたな！　やばいわ。絶対、手あげる（後で発言してみんなや先生に聴いてもらうという意味）。


貧しい女の子のところに福が来るために、おにたは命がけで黒い豆になった。病気のお母さんを一人で看病する女の子のところに福が来るために。そんなおにたのことを、スミレは「めっちゃやさしい」となる。

すると、絢奈が言う、「おにたはおにではなくなり福になったのだ」と。それを聴いたスミレは、そのように考える絢奈という友だちに感動する。「絢奈、すごい考えたな！」と。


【絢奈】おにたは女の子のために……。

【スミレ】おにたは、一生懸命女の子のために……。

【浩也】女の子がそんなこと言うてなかったらもう豆にはなってない。

【スミレ】だから、きっと「神様や」って思ったんや。

【絢奈】おにたが豆になったんやろ。豆になって、それで投げたやろ。それでさ、豆投げやんだらさ、おにはおる、福はないやろ。だから豆、自分の命を変えた。

【浩也】（女の子に）幸せになってほしいから……。
【スミレ】だから、……そうなんや。「幸せが家に来い」みたいな感じで、悪い奴は家の中でぽんぽんや。そういう意味や。
【浩也】貧乏やから女の子の気持ちになって……。

三人の言葉がそれぞれの心に響き、共感が共感を呼び、三人がまるで一つになったかのように思いを伝え合う。「おにたは女の子のために……」と。そして、スミレが、「だから、神様やと思ったのだ」と言う。女の子にとって神様のようなこと、その神様のようなことはおにたが自分の命と引き換えに生み出したことなのだと絢奈が言う。そして、浩也が「女の子に幸せになってほしいから」と、おにたの心根を言葉にする。

黒い豆はおにたなのだと最初に言ったのは浩也だった。けれども、言いだした時点では、彼の言い方には物語の構成上の描かれ方がわかったというニュアンスが表れていた。しかし、その浩也が口にしたのは、女の子に対する想いだった。それは、興奮して語る絢奈とスミレによって引きだされたものにちがいなかった。

【スミレ】やべぇ～。絢奈、……よう考えたな。
【スミレ】おにたは豆になったやん。あの子、貧乏やから、「おには外、福は内」って言ったんやな。

【絢奈】あ、わかった。

【スミレ】そうなんや。

【絢奈】命と福を引き換えしたんや。

【スミレ】ってことは、お母さんも治るっていう意味やん。

【絢奈】うん。

【浩也】おにたの命と女の子の幸せを換えたみたいな感じ。

【スミレ】もう、（おにたは）わかっとったんや。だから、女の子のお母さんだってもうすぐよくなるわ。

【絢奈】福が来たからや。

【スミレ】福が来たからや。

【浩也】福ってこの服（服を指しながら）？

【スミレ】違う違う違う。福がふってくる。

【スミレ】感動。ほんとにすごい！


最後に、スミレが「ほんとにすごい！」とつぶやいたところで、片岡さんからグループの学び合いを閉じるようにという指示が出た。この最後の二分ほどの対話は、スミレの「やべぇ〜。絢奈、よう考えたな」に始まり、スミレの「感動。ほんとにすごい！」で幕を閉じている。

スミレも絢奈も、この物語が醸し出す心根の温かさと切なさに、そしてそれに触れて生まれる自分たちの気づきに興奮状態になっている。

スミレは、最初は、どちらかと言うと女の子に寄り添うように読んでいた。そのスミレがこんなにもおにたの行動に心打たれるようになったのは、絢奈・浩也とともに考えたからだ。そして絢奈も、スミレが「絢奈、……よう考えたな」と言っているように、スミレを感激させることを次々と出しているし、浩也はそんな二人のやりとりにおっとりと耳を澄ませながら、「おにたの命と女の子の幸せを換えたみたい」とつぶやく。

こうした三人のやりとりを眺め、そこで生まれた「読み」に心を傾けてみて思うのは、子どもの読みは、それぞれの気づきを出し合う「聴き合い」「学び合い」なのだということである。もちろん、ただ聴いただけではなく、時には考えの衝突も生まれる。本気で読んでいるからこそのことだ。その本気さが、そうした衝突を経て作品の中に存在する「心根」のようなものに迫っていく。そのとき、三人は、三人とも、一人ではなく三人で読むことの「よさ」を実感することになるのだ。

グループの聴き合いは、絢奈の気づきで始まった。そして、浩也の「おにたは豆」という指摘がスミレの驚きを生み、そこから、三人は物語の世界に引き込まれ、その魅力を心から味わった。我をも忘れたような表情と、ため息のように発せられた「ほんとにすごい！」というスミレの言葉には、読むこと、聴き合うこと、そして文学を味わうことへの心からの喜びがあふれている。「命と福を引き換えしたんや」と言う絢奈。浩也がそれに続く。「おにたの命と女の子の幸せを換えたみたいな感じ」と。そして、絢奈とスミレが、それを噛みしめるようにつぶやく「福が来たからや」と。

陶酔状態の二人。最後に浩也が「福って、この服?」とボケをかましたのは、そんな二人に対するシャイな彼らしいユーモアだった。

子どもの読みの魅力

これほどの物語も悲劇にしない、それが子どもなのだ! 授業の場に身を置いて実感したのはこのことだった。

「おにたのぼうし」は、児童文学としては重い作品である。人間に「悪いおに」と決めつけられて生きるおにのおにた、そのおにたがようやく探し当てたやさしさあふれる女の子にも「おにが来るとお母さんの病気が悪くなる」と言われてしまう。おにたは、どう行動しても人間に理解されないおにの子どもなのだ。そして、最後に、黒い豆になって「おにはあ外」と投げられる。

これは、悲劇の物語だ、だれもがそう読む。
しかし、スミレ、絢奈、浩也の三人はそうは読まなかった。
おにたに寄り添うように読んだスミレ。女の子に投げられてしまう豆になったという事実を受け入れたくなかったスミレ。そのスミレでさえ、幸せの予兆を醸し出して読み終えている。それは、これだけ重い内容をもつ作品を、やさしさあふれる作品として味わったことを表している。

どうして子どもにそういう読みができるのだろうか。三人の対話を聴いてわかるのは、女の子のやさしさと、おにたのやさしさの狭間で、揺れるようにして読んでいるということだ。時には心を痛めながら、時には心を震わせながら……。

黒おにの子どもおにたが黒い豆になって、女の子に豆まきをさせるところは、おにたの捨て身のやさしさだ。スミレは、そういう自己犠牲に納得しなかった。

作品は、おにたと女の子、どちらも救われるようには描かれていない。しかし、スミレはどちらも救いたかったのだ。だから、作品の叙述に逆らってでも抵抗したのだ。そんなスミレの読みに抗った絢奈と浩也。けれども、作品の叙述に触れて読み進め、支離滅裂になってまで主張し続けるスミレの抵抗を理解し始めるのだ。

本気で物語を読む子どもは、安易な妥協はしない。だからこそ、子どもは、作品の世界に近づくことができるのではないだろうか。

そして、圧巻は最後に訪れた。この作品の授業はいくつか参観している。けれども、「福は内」の「福」をこのように読んだ授業に出会ったことはないし、ましてや、「女の子のところに福が来る」と言って笑みを浮かべて読み終えた授業も見たことがない。それが可能になったのは、授業が、子どもが読むことに徹し、それを聴き合うことで個々の読みが磨かれていったからだ。だから悲劇の押し売りにはならなかったのだ。

そう考えると、この作品はこの子たちのように読むべきだと思えてくる。「女の子のところに福が来る」という喜び、それこそ、おにたが命を賭して捧げた結果なのだから。そうでなければ、おにたは報われないのだ。子どもたちは、そのおにたの究極のやさしさを感じたからこそ、女の子に福が来ることをこれだけ喜べるのではないだろうか。物語から希望を引きだすように読むのが子どもたちなのだ。

この記録を読んでいただいて気づかれたと思う、これはすべてグループにおける子どもたちだけの対話だということに。授業をした片岡弓さんは、それができる子どもを育てたのだ、全校児童の過半数が外国とつながる子どもであるこの学校において。そして、この授業を契機に、「学び合う学び」が学校全体の取組になり、またたく間に、つながり合って学ぶ子どもであふれる学び舎に変わったのだった。そこにあるのは「学び合う学び」による教育の可能性である。その目撃者になれたことが本当にうれしい。

三　一人ひとりが自分自身と向き合って読む

〜茨木のり子「自分の感受性くらい」を読む子どもたち

詩を読むとは、教室で詩の読みを学び合うとは
詩が子どもたちの心にもたらすものとは

1　私にとっての詩

いつの頃から、私の心に詩が入ってきたのだろうか。若い頃の私には、詩の居場所はなかったように思う。目の前の事象しか見ず、目先のことに夢中になっていた私は、詩を読んで思索にふけるというようなことはなかったからだ。それはそのまま、私の人間としての幼さ、未熟さ、浅さにつながっていた。

教師になり、周りの人の影響を受け、国語教育に没入していったことから、私の内に、少しずつ詩というものが入ってきた、本当に、少しずつ。そして、いつの間にか、詩が、私の体の中にほんとに小さな部屋をつくるようになったのだが、それは、私にとって全く意図的なものではなく、気がついたらできていたというようなものだった。そんな私だから、「自分の感受性くらい」との出会いは教科書に掲載されているのに気づいてからだったように思う。

詩人・茨木のり子といえば、すぐ「わたしが一番きれいだったとき」「倚りかからず」を思い浮かべるが、それよりも、私にとっては、この「自分の感受性くらい」のほうがインパクトが強かった。「ぱさぱさに乾いてゆく心」「気難しくなってきた」「苛立つ」、それらがそのまま自分に当てはまっていたからだ。

この詩に出会った頃、私は、ある出来事から、自分自身に対する嫌悪感に包まれ自分を見失っていた。それだけに、詩に書かれた一つひとつの言葉が鋭く胸に刺さり、インパクトの強さとは逆にこの詩を遠ざける意識に傾いてしまった。そのように自分を見つめることがこわかったのだと思う。もしかすると、その私の行為は、詩の一節である「わずかに光る尊厳の放棄」だったのかもしれない。私が、きちんとこの詩に向き合えるようになったのは、それから何年か後だった。そういう意味で、この詩は私にとって忘れられない詩である。


その詩で、これまで中学生を相手に心の通う国語教育を続けてきた栗木智美さんが、卒業を目前に控えた中学三年生（愛知県小牧市立篠岡中学校）を対象にして授業をされた。そして、授業の最後に子どもたちが綴った文章を見せてくださった。

それを読んだ私は、素直な子どもたちの「表白」に心を奪われた。一人ひとりが、個性あふれる詩との出会いをしている、それは詩を読むことが自分自身との出会いになっているからだ、そしてこれは、今の中学生の時期ならではの出会いになっている、そう思った。最初の出会いでこの詩を遠ざけた私とは全く異なる子どもたちの出会い方だ。それは、私にとってまぶしく、うらやましささえ感じるものだった。

自分の感受性くらい

茨木　のり子

ぱさぱさに乾いてゆく心を
ひとのせいにはするな
みずから水やりを怠っておいて

気難かしくなってきたのを
友人のせいにはするな
しなやかさを失ったのはどちらなのか

苛立つのを

近親のせいにはするな
なにもかも下手だったのはわたくし

初心消えかかるのを
暮しのせいにはするな
そもそもが　ひよわな志にすぎなかった

駄目なことの一切を
時代のせいにはするな
わずかに光る尊厳の放棄

自分の感受性くらい
自分で守れ
ばかものよ

2　だれに向かって語っているのか

第三連に「なにもかも下手だったのはわたくし」とあるように、この詩は、詩人が自分自身に向かって語っている。だから、「ばかものよ」とは、自身に向けて発した言葉だと考えられる。それでいて、この詩を読む人は、だれもが、自分自身に言われていると感じる。栗木さんの授業を受けた三年A組の生徒は二六名、そのほとんどが、この自分自身に言われているという構図で読んでいた。いったい、子どもたちは、自分自身に「ばかものよ」と言う詩人のことをどう読んだのだろう。この詩と自分自身をどう結びつけたのだろう。そして、この詩が子どもたちの心に何をもたらしたのか。そういったことを子どもたちの「表白」をもとに探ってみようと思う。

それには、まず、だれがだれに向かって語っていると感じたのか、そこから始めていくことにする。

①　「自分の感受性くらい」の詩から私は自分自身に語りかけていると感じました。過去に自分を甘やかしすぎて、それにあきれて、過去の自分にかたりかけていると思いました。

私も、学校が休校のときに、好きなものを食べすぎたり、家から出ずに何も運動をしていなくて、休校〔コロナ禍における休校のこと〕明けのクラブチームや部活で自分の体重に気づいたことがあって、甘やかしすぎたなと思ったことがあったので、この詩を読んだときに、いろいろな思いが心にささりました。

② この詩を読んで、ぼくは、過去への訴えや反省だと感じて過去にこうしておけば今はこうなってたんだろうなと感じる後悔や悔しい気持ちだと感じました。

自分もテスト返しで思ったより点数が取れなくて悔しいと思った時があって、もっと勉強して、テスト中見直しをすればもっと点を取れたんだろうなと後悔した経験があるので、「自分の感受性くらい」は、とても自分に近いなと感じました。

③ 私は、「自分の感受性くらい」という詩から、暗いけど優しくてあたたかい雰囲気を感じた。

この詩は、自分の仲間やら自分に対して言われている言葉だと思って、人間関係も生活も何もかもうまくいかず、現実逃避している自分。そんな自分に対して、「しゃりっと前を向いて歩け」「現実と向き合え」というような、厳しいけど自分のことを想ってくれてるからこそ、背中を押すようなことを言ってくれているのだと思った。

暗い部屋で一人閉じこもって、下を向いてうつむいている中に、ひとすじの光がさし、救ってくれるようなイメージだと思った。

①と②の子どもは、詩人が自分自身に語りかけている詩だと書いている。そのうえで、それらの詩人の言葉によって①の子どもは「いろいろな思いが心にささりました」と述べている。詩人がこのように詩人自身に語りかけたのは、①の子どもは過去の自分の甘さに「あきれて」だと感じているし、②の子どもは、後悔だと述べている。そのうえで、「私も」とか「自分も」と言って、その矛先を自分に向けている。それは当然、自分自身の甘さであったり後悔であったりするのだが、それが食べもの・運動と体重のかかわり、テストの点数であったりするのは、中学三年だということからしてまっとうなことだろう。

それに対して③の子どもは、詩人が自分たちに向かって言ってくれている詩だと感じている。もしかすると、詩人が詩人に言っている書き方だということはわかっているのかもしれない。そういう書き方なのはわかっているけれど、自分や自分の仲間に向かって発せられたメッセージだと受け取ったのだろう。それだけに、自分は、現実逃避し、暗い部屋に閉じこもって下を向いてうつむいていると自分のことを見つめ、そんな自分に対して、「しゃりっと前を向いて歩け」「現実と向き合え」というような言葉をかけてもらっていると想像したのだろう。この子どもは、そんな詩人の言葉を「暗いけど優しくてあたたかい」と感じている。これを読んで感じるのは、たぶん、この子どもには、詩を読むよりも前から、閉じこもっているのではなく前を向いて歩かねばという気持ちが潜在的にあったのではないかという気がする。何もないところからこういう気持ちが生まれるとは考えにくいからである。詩が眠っていた気持ちを引きだしたのだ。

ちなみに、①や②の子どものように、詩人が自分自身に語りかけていると読んだ子どもは二〇名、ほかの子どもは③の子どものように、自分たちなど他者に語りかけていると読んでいた。ただ、そのどちらの読みをした子どもも、詩人の言葉を自分自身に結びつけて読んでいたのは、この詩のもつ力なのだと思う。

3　詩人の語りかけ方をどう感じたか

詩人の語りかけ方は厳しさを感じるほど直截だ。第一～五連の各二行目が「するな」で終わっているところからも、第六連の「守れ」、そして「ばかものよ」にもそれが表れている。しかし、子どもたちの中には、それをそのまま受け取らず、表向きの厳しさだけでなく、裏にある詩人の心を感じ取ろうとしている子どももいる。

④　僕は、この詩から、過去の自分を「後悔した」「めいわくかけた」という思いをぶつけているのだと思った。

「初心消えかかる～ひよわな志にすぎなかった」の部分は、僕が中学入学の時も経験した。中学生になり、勉強＋部活も大変になり、土日はクラブチームなど、ライフスタイルが急変した。だから、一年2学期、3学期の成績が悪かったなど、自分が決めた生活の仕方のせいにしていた時があった。この詩は、「後悔」という思いだけでなく、このような思いを他の人にしてほしくないという思いもあると感じた。

⑤ ただたんに自分に怒っているだけだなと思いました。これは、自分の幼少期から大人になるまでを振り返って、それに対して、悪かったこととかを怒っているのかなあと思いました。

僕も、昔の自分に腹が立つことがあったからです。

⑥ 私は、改めて気づかされるように感じました。

この詩は、誰かに対しての不満をぶつけているみたいだと思いました。

思春期の時期で自分の感情をもつようになって、イライラするようになってしまう中で、友人と上手くいかなかったり、イライラして人にあたってしまったりなので、こうかいたのは、自分のせいで、誰かのせいではない、こうさせてしまった自分に対して自分で責任をとれと言われているような感じで、この詩の中で自分にあてはまると思うところがたくさんあるので、こんな自分にしたのは自分自身なんだよ？と教えてくれているように感じました。なので、自分の責任をおしつけるのではなく、「自分で自分を変えないといけない！」と思うことができました。

⑦　私がこの詩を読んだり聞いたりして感じたことは、過去に後悔など、あまやかせていた自分がいたから、それをふまえて、自分は「強い意志をもつぞ」という感じがした。部活とかで、あーすれば勝てたなって後悔する時があって、そのためには、次どうやってがんばるのか考えることがある。その考えていることが、強い意志なのかなと私は思った。私は、自分に言い聞かせていると思う。けど、その半面、一連ごとになげあいでけんかしているようにも感じた。

⑧　自分の友人が、1連目〜5連目までのことについて悩んでいて、それぞれの連のまん中あたりと6連目のところは、自分の〝セリフ〟のように、友人に少しおふざけを入れながら、ちゃんと勇気づけるように、「自分の感受性くらい自分で守れ、ばかものよ」と感じながら、相手に言いつけるような感じだと思った。

⑨　私は、全体的にみて、誰かのせいにしているきびしさから、いつかは自分にかえってくるよ、という優しい声をかけ、最後の連の「自分の感受性ぐらい自分で守れ」から、自分の感じたことはきちんとつらぬき通しなさい、という優しさを感じた。

私は、よく母に「自分の言葉に責任を持ちなさい」と言われる。その言葉が、最後の連につながるのかなと思った。

自分の口から出す言葉も行動もすべて自分がしたことだから、それをつらぬく、前向きに生きるという言葉が一番合うなと思った。

人の意見に流されることがよくあるから、自分の意志をしっかりもちたいと思う。

⑩　ぼくは、この詩から強い決意や悲しさを感じた。
ぼくは、この詩の言葉を泣きながら自分にいいきかせているような情景を想像した。何かつらい日の夜に自分につよくいっているけど、がむしゃらにいっているんじゃなくて、一つ一つの言葉をしずかに心にいっているような、冷たくいってるような感じがした。

自分も、テストとかで、良い点をとれなかった時とかに「もっと勉強すればよかった」と思って、自分に甘くしすぎたなと思うことがあったので、そういう時に心の中でこの詩のことを言っているような感じがした。Mくんがよんでいたように、冷たいけど心にささるような感じがした。

⑪　悲しさや後悔、苦しみを感じました。過去の自分に苛立ち、「なにもかも下手だったのは、自分だろう」「ばかもの」と怒りを通り越して苦しみになり悲しくなる気持ちが

感じられました。
　でも、もう一つ感じたことがあります。それは、「自分を見捨てないで」ということ。私も過去のことを思い出すと、何もかも上手くいかなくてなってしまったとき、投げやりになって泣いてしまったり、自分を見失ってしまうことがありました。だから、この「自分の感受性くらい自分で守れ　ばかものよ」という言葉がすごく心に響きました。

　ここに掲げた七人の子どもの文章を読むと、大きく二つに分かれる。一方は、詩人の言い方に厳しさを感じ取っている子どもであり、もう一方は、やさしさ、温かさを感じ取っている子どもである。
　④の子どもは、「思いをぶつけている」と述べている。⑤の子どもは、「怒っている」と述べ、⑥の子どもは「不満をぶつけている」と感じている。また⑦の子どもは、「自分に言い聞かせている」と思いながらも、詩の言葉の激しさから「なげあいでけんかしている」と感じている。どの子どもも、これらの言葉は詩人が自分自身に向けたものだと読んでいることを考えると、その厳しさは自分自身に向けた厳しさだと言える。そこに、詩人の自らに対する厳格さというか強さというか、そういったことがあるわけで、子どもたちもそれを感じたのだろう。
　それに対して、⑧の子どもは、「勇気づけるように」言ったのだと述べている。この子どもの文章をよく読むと、彼は詩人が誰かに対して「言いつける」ように言っていると書いているから、そのイメージから勇気づけるという雰囲気を感じ取ったのだろう。その点、⑨の子どもも同じようなことが言える。彼女も、自分に対してではなく、他者に語りかけ諭しているように読んでいるからである。それには、相手が他者であるだけに、「優しさ」があると感じたということなのだろう。

では、⑩の子どもはどうだろうか。彼が感じたのは、「いいきかせている」というイメージである。ただし、ただ単にそうしているのではなく、「泣きながら」「しずかに心にいっているような、冷たく（冷静にということだろう）いっている」というように書いている。

そして、もう一人の⑪の子どもが書いていることはかなり実感があふれている。彼女は、「怒りを通り越して苦しみになり悲しくなる気持ち」と書いている。それはかなり強い自分自身への迫り方だと言える。ところが、その一方に「自分を見捨てないで」という思いがあると述べている。この子どもは、自分自身への怒り、苦しみとともに、そんな自分を「見捨てないで」という願いがあると言っているのだ。

この感じ方の異なりは、どこから生まれてくるのだろうか。

たとえば、⑥の文章を見てもらいたい。この子どもは「誰かに対しての不満をぶつけているみたいだ」と書いている。その不満の中身は、たぶん、「友人と上手くいかなかったり、イライラして人にあたってしまった」というようなことなのだろう。そのうえで「こうさせてしまった自分に対して自分で責任をとれ」と自分に迫っている。だから、「厳しさ」が前面に立っているのだろう。

それに対して、たとえば⑨にはこう書かれている。「私は、よく母に『自分の言葉に責任を持ちなさい』と言われる。その言葉が、最後の連につながるのかなと思った」と。この子どもは、第六連の言葉がいつも接している母の様子と重なったにちがいない。その経験が、「優しさ」という感じ方を生んだのだ。つまり、同じ詩を読んでも、その子どもの経験とか、周りの人とのかかわりとか、日頃の心のもち方によって違って感じられるということなのだろう。

もちろん、詩は言葉で形づくられているのだから、書かれている言葉にくっついて読み味わわなければならない。けれども、そのように徹したとしても異なりが生まれるのはそういうことなのだと思う。

さらに、これらの文章を読んでいて感じられるのは、それぞれの子どもの願っていること、こうしたい、こうでありたいという望みのようなものが、本人の自覚のあるなしにかかわらず、文章に表れるということである。

たとえば、⑪の子どもである。彼女が「自分を見捨てないで」と書いていることは前述したが、それは、この子どもの願いなのではないだろうか。この子どもは、怒りを通り越して苦しみになり悲しくなる気持ちを何度か味わっているにちがいない。そして、「投げやりになって泣いてしまったり、自分を見失ってしまうことがありました」と書いているが、そうなることがあったのだろう。それが等身大の中学生の実像なのだ。

文学や詩を読むとき、人は、そこに自分を投影する。その思いが強ければ強いほど、作品に描かれた出来事がまるで自分のことのように思われ、烈しく感情が動くようになる。その感情の動きの中に、その人の希望が表れてくる。彼女の「自分を見捨てないで」は、まさに、彼女自身の叫びなのだろう。詩の読みはそれでよいのだと思う。

4　詩人の投げかけから受けた衝撃

この詩は、詩人が自分自身に語りかけているものだとしても、それを読む私たちは、あたかも自分自身のことを言われているように受け取る、ということを本章の冒頭で述べた。それは、授業をした子どもたちも同じだった。

⑫　僕は、昨日までただたんに友だちとケンカして怒っているのかなと思ってたけど、今日、最後の連を何回も読んで、そしたら、なんかケンカして、友だちに嫌われて、ぼっちになっちゃって、それでやっと、自分が悪いことに気づいたみたいに感じて、H君が言ってたこうかいしたということに共感した。

僕も、親とケンカして、一週間ぐらい何にもしゃべらずにいたときがあって、それでようやく自分が悪いことに気づいたことがあるので、この詩は僕について書いているのかなと思って笑えてきた。

⑬　今回は、茨木のり子さんの「自分の感受性くらい」という詩について考えました。この詩では「自分が損をすることがあっても人のせいにするな」といった内容が書かれており、僕は、何か損になることが起きても人のせいにすることはありませんが、この詩の教訓のようなものを改めて考えさせられたと思いました。

⑭　自分は、この詩を読んで、どこか父に言われているような気がして、心に刺さった何かがあった。父は、自分を叱るとき、強く言ってくれるが、どこか優しいところもあるので、心にグサッと刺さるものがある。この詩もそんなふうに感じて、「真剣に、自分のことを思ってくれているんだ」と感じた。心に刺さったのは何

かというのは、言葉に表せない、他とは違う、特別な感情のような気がした。

⑮　私は、この詩が、自分に言われているようで、少しグサッときました。自分でもダメだなと思っていることを言葉にして他の人から言われると、心の中では分かっていても分からないフリをしていたのに、つきつけられているように感じました。私は、この詩を、自分自身に言い聞かせているように読んで、Aさんが言っていたように、過去の中でのこうかいとかを振り返っているように感じました。でも、Tくんが読んでいたように、親とかが自分のために怒ってくれているように読むとか、Mくんが読んでいたように、優しさでさとすように読んだりと、それぞれ違う読み方を聞いて、優しいからこそ、自分の中で深くささるとか、自分のために言っていることが分かるからこそ心に響くとか、いろんな感じ方がありました。

私は、この詩は、自分が自分に読むような厳しさなどを感じました。

⑫の子どもが「この詩は僕について書いているのかな」と書いているのを読んで、微笑ましさを覚えた。しかも、本人は、自分が叱責を受けていると感じているにもかかわらず、「笑えてきた」と書いているのだ。友だちとも、親とも、けんかをするとも書いている。ぼっち（独りぼっち）になったとか、一週間しゃべらなかったといったことも正直に書いている。彼は、多少けん

かっ早いかもしれないけれど、素直な子どもなのにちがいない。そういう子どもがこのように書いてくれることがうれしい。

⑬の子どもは、とてもまじめに詩の内容を受けとめている。彼がそれを自分にとって教訓のようなものだと感じたのだが、ただ感じただけだと表面的ではないかということになるのだが、その後に「考えさせられた」と書いていることから、まっすぐ受け取っていることが感じられる。

⑭と⑮の子どもは、かなりの衝撃を受けて受けとめたようだ。「心に刺さった」「グサッときました」「つきつけられている」という言葉に受けとめのショックのようなものが表れているからである。⑭の子どもが、この詩を読んで父親に叱られたような気持ちになったのは、日頃から父親の言葉に「言葉に表せない」ような「特別な」重さ・深さを感じていて、それと同じようなものを感じたからにちがいない。⑮の子どもは、最後に「この詩は、自分が自分に読むような厳しさなどを感じました」と書いているのだが、その感じ方は、クラスの仲間のいろいろな考えを聴くうち生まれたものだと文章から受け取れる。そこにこそ学び合う意味があるのだから素晴らしいことだ。

このように、自分が詩人から語りかけられていると感じた子どもは、この四人だけではない。ここにはこの学級全員の文章を掲載しているので、その一つ一つを読んでいただくと、四人だけではないことがわかっていただけるものと思う。

この詩が、何年にもわたって多くの人に読まれているのは、読んだほとんどの人が、詩人の言葉を自分が言われているように感じどきっとさせられているからにちがいない。

5　子どもたちが感じた詩の味わいとは

私は、この学級の子どもたち全員の文章を読んだ。一度ではなく、何度も読んだ。そして、ふと感じたのは、子どもたちが、この詩の状況に対して、詩からの語りかけに対して、そして、目の前に現れた情景に対して、ふっと感じた「味わい」を言葉にしているということだった。しかも、それは一様ではない。子どもたちそれぞれの味わいを、皆さんも味わってみてほしい。

⑯　この詩をあじわって、しぶい味だと思った。渋柿食べてるみたいな。
　自分の過去の後悔、失敗は、だれでもあると思っていて、後悔がない人はのびしろがないというか、成長しないというか、後悔を後悔だと思っていない人も同じだと思って て、後悔があると次はこうしようと考えるようになると思うんですよ。

　つまり、この詩で感じたことは、自分にあてはめてみたら、他の人のせいにしたくなる自分へのプライドというか、自分のプライドをゆるせないことがあった場合、それはそれで終わるんだけど、後から考えてみると、あの時の自分のプライドは、あんまよくなかったなとか、しぶいなとか、苦いなとか思うんですよ。その時言いたいのは「ばかものよ」ということだと思った。

⑰　詩を読んで味わい、ちょっぴりさびしさを感じました。この詩の1～5連の最後には「何かのせいにしてるけど、自分が悪いんじゃないの?」「何、被害者顔してるの!」と、精神的に幼い自分に対して、大きくなった自分があきれてるのだと思いました。だからこそ、6連目の「ばかものよ」っていうのは、本当にバカにしていると感じがあって、私は、自分であるからこそ、言われたらすこしさびしいなと感じます。私も、よく、社会（科）のふりかえりをためて前日に20個ぐらい書いてる時に、普段からコツコツやらなかった自分に対して、ほんとお前はバカだなぁーとあきれるので共感できました。

⑱　「自分の感受性くらい」を読んで、私は、こうかいを通りこして、あきれていると感じました。私は、もうすでに、もっと勉強しておけばよかったとこうかいしているけど、あきれてはいないので、将来私は、この詩みたいな感じになりそうだなと感じました。この詩を読んだことで、将来、自分自身にあきれないように、これからは、こうかいをしないような生活をおくりたい、送らないといけないと、心に響きました。

⑲　自分が感じたことは、今の自分にあきれたり、疲れたりしていると思った。今までは上手くいってた自分が、途中で壁にあたって、なかなか前に進めたりできていない時期だと感じて、今、上手くいっていない自分は、誰かのせいにしたり、あきらめたりしている前よりも弱くなった。自分にあきれたりつかれたりしている。

⑳　「自分の感受性くらい」を読みました。私は親から厳しく指導されているのかなと思った。自分自身の悪いところを自分で気づくということは難しいのかなと思った。なので、親から悪いところを強く指導されていると思いました。私は、あまりこういう経験はありませんが、厳しい人だったりすると、言いそうなことなのかなと思いました。

㉑　「するな」というのは人に対して使うものであって、「わたくし」では逆で、自分でしか言いようがない。過去の悔いがあると思って、自分の経験上、陸上で負けてくやしかったみたいな感じで、少し暗い感じで読んでみて、終わったことはしょうがない、祈ったところで過去は変えられないみたいに思いました。「ばかものよ」は、しょうがない、次がんばろうっていう感じがしました。

㉒　僕はこの詩から、自分の若い頃の反省、後悔したことを、読者に対してやさしく言っている、「おれは、こうなった、こう失敗したから、お前らはこうなるなよ」という温かさを感じた。
　RPGでいうラストダンジョンの直前の村にいる「俺たちは失敗した。あとはお前たちにたくす」と話す、「次の世代、未来につないでいく人」のような感じで、だから、この詩でいう「ばかもの」は「わかもの」を指していて、それをやさしく教えてくれる温かさを感じた。

㉓　自分は、この詩から哀しみを感じた。この詩は、若者に向けての事だと思い、その若者とは、過去の自分であると思った。その過去の自分に対し、後悔などの、元には戻らないようなことを哀しんでいると感じた。
　自分も過去に、何かを言い訳にし、逃げていて、今思い出しても、この時は失敗であるので、自分や、だれにでもあてはまっていると思った。

㉔　「自分の感受性ぐらい」を読んで、まず感じたことが、自分に言っている感じがして、感情で言うと悔しいとか悲しいの方だと思います。
　それで、みんなの話（休んでいて一時間分聞けていない）を聞いてR君の「悲しい感じ」

に「ああ」ってなって、今感じてみると、今の時代の僕らに言う感じもしました。でも、誰かに言われるんじゃなくて、自分も含めて同世代の人に言う感じがしました。その理由が、お母さんが「今の子たちは……」とよくつぶやいていて、僕の母は「この詩のようなことを言いたいのかなあ」とあてはまりました。母も同意していたし、最初とは別の感じ方が出てきました。

㉕ 私は、この詩から、怒りの先に明るい未来があるような感じを受けた。表面には怒りが現われているのだけれども、しかし、その反省から明るい未来が来るという前向きな感じがした。いや、怒りよりむしろ、その明るい未来を強く感じているかもしれない。私もバスケをする中で、そういう経験をたくさんし、そして気づいた。前向きな姿勢の大切さに。これからの人生でそれが大切なことをこの詩から感じられた。

㉖ 僕は、この詩の「自分の感受性くらい」で思ったことは、読み方によってすごく変わる詩だなと思いました。自分なりには、怒っている感じで読んだほうがいいと思うけど、Mの読み方は、〇〇先生みたいに怒りたかったんだなと思って、すこし怖いというのがありました。そして、いろいろな詩を読んできたけど、詩は、人によってすごく読み方が変わると思いました。

⑯の子どもの「しぶい味」にはびっくりさせられた。私には、この詩に対する「渋さ」という感覚はなかったからである。彼が言う「渋さ」とはどういうものなのだろうか。彼は、文章の後半、「自分のプライドをゆるせないことがあった」と述べている。それは、相手の立場に立つことよりも、自らのプライドに重きを置いた対応をしてしまったということだと思われるが、彼はそのことを後になって思い起こしている。そのときに感じたのが「渋い」という感覚なのだろう。まさにそれは中学生である今の彼が感じる味であり、それは読み手によって、その時々によっていろいろあると思われる。もしかすると、彼も、将来は別の味を感じることになるかもしれない。

⑰〜⑲の子どもだが、この三人は「自分自身にあきれている」と感じている。自分自身の幼さであったり、もっと○○しておけばよかったと思ったり、上手くいかなくて他人のせいにしたりしたときに自分自身に「あきれる」ことになるということだ。そしてそう感じることを、⑰の子どもは「さびしい」と書いているし、⑱の子どもは、「自分自身にあきれないように」と書いている。また⑲の子どもは、「あきれ」は「つかれ」とつながっているように書いている。三人の「あきれる」という感覚は、決して軽い意味でのものではなさそうである。三人は、この詩を読むことで、自分で自分に「あきれる」状態にはしたくないという思いを強く感じたようである。

ほかの子どもたちの文章も見てみよう。

⑳の「厳しく」、㉑の「暗い」、㉒の「やさしく」「温かさ」、㉓の「哀しみ」、㉔の「悲しさ」

と、子どもたちの味わいは本当にさまざまだ。この詩から厳しさを感じたり、哀しみや悲しさを感じ暗い気持ちになったりするのは、ここまでで述べてきたように、多くの子どもが、詩人の言葉を自分のこととして受けとめたからである。

ところが、これだけ強い調子の言葉が連なっているにもかかわらず、㉒の子どもが「やさしさ」と「温かさ」を感じ、㉕の子どもが「明るい未来」を感じていることについては、私のような年齢になるとすぐ深刻になりがちなだけに世代の違いを感じさせられた。しかし、中学生である彼らが、自己を厳しく見つめるその向こうに、そういう心持ちや未来を感じてくれていることに救いを感じ、ほっとした思いになる。私たち大人は、そんな子どもの期待に応えなければならない。そういう意味でも、この詩にやさしさ、温かさ、明るさを感じる子どもたちの感覚は大切にしたいと思う。

6　子どもたちは自分の何を見つめたのか

詩人は、いくつかのことを挙げたうえで、第六連で「自分の感受性」と一括りにしている。そのすべてに対して自分で自分を叱りつけているのだが、子どもたちはどうなのだろうか。自分のどの部分に目を向けたのだろうか。

④の子どもは、はっきり第四連の「初心消えかかる～ひよわな志にすぎなかった」を取り上げ、

郵便はがき

料金受取人払郵便

神田局
承認

6430

差出有効期間
2022年12月
31日まで

切手を貼らずに
お出し下さい。

101-8796

5 3 7

【受 取 人】

東京都千代田区外神田6-9-5

株式会社 **明石書店** 読者通信係 行

お買い上げ、ありがとうございました。
今後の出版物の参考といたしたく、ご記入、ご投函いただければ幸いに存じます。

ふりがな お名前	年齢	性別
ご住所 〒 -		
TEL ( ) FAX ( )		
メールアドレス	ご職業（または学校名）	
＊図書目録のご希望 □ある □ない	＊ジャンル別などのご案内（不定期）のご希望 □ある：ジャンル（ ） □ない	

書籍のタイトル

◆本書を何でお知りになりましたか？

□新聞・雑誌の広告…掲載紙誌名[ ]

□書評・紹介記事……掲載紙誌名[ ]

□店頭で　□知人のすすめ　□弊社からの案内　□弊社ホームページ

□ネット書店 [ ]　□その他[ ]

◆本書についてのご意見・ご感想

■定　価　□安い（満足）　□ほどほど　□高い（不満）

■カバーデザイン　□良い　□ふつう　□悪い・ふさわしくない

■内　容　□良い　□ふつう　□期待はずれ

■その他お気づきの点、ご質問、ご感想など、ご自由にお書き下さい。

◆本書をお買い上げの書店

[　市・区・町・村　書店　店]

◆今後どのような書籍をお望みですか？

今関心をお持ちのテーマ・人・ジャンル、また翻訳希望の本など、何でもお書き下さい。

◆ご購読紙　(1)朝日　(2)読売　(3)毎日　(4)日経　(5)その他[新聞]

◆定期ご購読の雑誌 [ ]

ご協力ありがとうございました。

ご意見などを弊社ホームページなどでご紹介させていただくことがあります。　□諾　□否

◆ご 注 文 書◆　このハガキで弊社刊行物をご注文いただけます。

□ご指定の書店でお受取り……下欄に書店名と所在地域、わかれば電話番号をご記入下さい。

□代金引換郵便にてお受取り…送料+手数料として500円かかります(表記ご住所宛のみ)。

書名	冊
書名	冊

ご指定の書店・支店名	書店の所在地域 都・道 府・県 市・区 町・村
	書店の電話番号 (　)

成績が悪かったのは「自分が決めた生活の仕方のせいにしていた」と書いている。

中学三年一月の子どもたちにとっていちばん気がかりなこと、もっとも志をもたなければいけないこと、それは、高校入試のための学習にちがいない。多くの子どもは不安を抱き、その心は日々揺れているのだろう。そんな子どもたちの心に、「初心消えかかる」とか「ひよわな志」という言葉は鋭く、実感をもって刺さってくるのだろう。そういう意味で、「初心」を入試とつなげた子どもはほかにもいたのではないだろうか。

もう一つ、思春期真っただ中のこの年代の子どもならさもありなんと感じるのは、第三連の「苛立ち」だ。そのことを書いているのは⑥の子どもである。この子どもは、次のように書いている。

思春期の時期で自分の感情をもつようになって、イライラするようになってしまう中で、友人と上手くいかなかったり、イライラして人にあたってしまったりなので、こうかいたのは、自分のせいで、誰かのせいではない、こうさせてしまった自分に対して自分で責任をとれと言われている。

この子どもは、自分がイライラすることを普段から自覚していたのだろう。そして、この詩を読んだとき、そのイライラのため人に当たってしまっていたことを思い出したにちがいない。それは、第二連の「気難しさ」ともつながることのように思われる。ぱさぱさに乾いていく心なのか、気難しさなのか、苛立ちなのか、そのどれなのか特定できないけれど、何かしら自分に言われていると感じている子どもは多いようだ。それはある意味、第五連の「駄目なことの一切」に含まれることなのかもしれない。

たとえば、③の子どもの次の部分からそれが感じられる。

人間関係も生活も何もかもうまくいかず、現実逃避している自分。そんな自分に対して、「しゃりっと前を向いて歩け」「現実と向き合え」というような、厳しいけど自分のことを想ってくれてるからこそ、背中を押すようなことを言ってくれているのだと思った。

この子どもの書いていることを読んで気づいたのは、子どもたちは、時には現実逃避したくなるような思いに陥ったりしているのだということだ。イライラしたり、駄目だと自信喪失になったり、こんな状況から逃げ出したいと思ったり、その「揺れ」こそ中三の現実なのだろう。ただ、これらの文章を読む限り、子どもたちは、詩に書かれている、ひと、友人、近親、暮らし、時代といったもののせいにせず、まっすぐなまなざしを自分自身に向けている。それがとても印象的に私の目に映った。その子どもたちの素直さがうれしかったからだ。「時代のせいにする」とか「感受性を守る」といったことへの認識は、まだはっきりと感じられていないようだけれど、もう何年か後にもう一度この詩と出会うことがあったら、きっと新たな感覚でまた別の感慨が浮かびあがることだろう。

子どもの読みの魅力

この授業は、二時間かけて行われた。そして、ここに掲載した子どもたちの文章は、二時間目の最後一〇分ほどで書いたものだという。

一時間目は、とにかくたっぷり音読をしたそうである。そして、グループになって一連ずつ、言葉に触れて、やや解釈的に考え合い、書かれていることをとらえたそうだ。二時間目は、グループになって音読をしながら、詩全体から自分の感じるものを探っていったそうだ。その間、教師が発問して答えさせる一斉指導はしていないとのことである。

二時間目の最後、子どもたちがそれぞれに感じたことを書く時間になった。

栗木さんが指示したのは、解釈とか詩人について書くのではなく、この詩を味わった子どもたち一人ひとりが、詩丸ごとから何を感じたかを書くということだった。子どもたちは、グループの形態のままで書き始めたのだそうだが、教室が静寂に包まれたということである。

栗木さんから送られた二六名の子どもたちの文章を机の上に並べ、何度も読んだ。最初に感じたのは、子どもたちの味わい方の多様さだった。文学・詩の読みに正解はない、そう言われていたし、私自身もそう語ってきた。そのことが現実として目の前にある、そう思った。そのように書きなさいと促したわけではないのに、一人ひとりが感じたまま鉛筆を走らせたら、そうなったのだという。㉖の子どもが「人によってすごく読み方が変わる」と書いているとおりである。

次に、私の心が引きつけられたのは、多くの子どもが、詩人の言葉は、自分にかけられていると読んでいたことだった。詩を読むということは、自分を見つめることだと何かに書かれていたのを覚えているが、まさに子どもたちはそれを実行していたのである。

もちろん、子どもたちはまだ中学生である。自分を見つめるとは言っても、見つめる側面も、見つめ方にも幼さはある。でも、それでいいのだ。背伸びして観念的になるのではなく、背丈に合う見つめ方ができる、それがいちばんよいのだから。

これら現代詩は子ども向けに書かれたものではない。だから、この詩も、何年かたってから、子どもたちの目にとまることがあるかもしれない。そのときには、また異なる心境でこの詩に向き合い、自分自身の読みを紡ぎだしてくれるだろう。

それにしても、感想を書いてくれたすべての子どもの文章をここに掲載できたこと、それはすごいことだとつくづく思う。この子どもたちは、栗木さんが二年生から三年間国語の授業で担当してきた子どもたちである。だから、栗木さんの国語の授業にかける情熱と技術のすべてが詰まっている子どもたちなのだ。いや、国語の授業に対してだけでなく、子どもたち一人ひとりにかける熱意と思いが詰まっていると言える。

この授業が実施されたのは、一月二〇、二一の両日である。それから一か月半が過ぎた三月四日、子どもたちは卒業式を迎えた。授業を見せていただいたとき、私は、この授業は、栗木先生の子どもたちへの願いと祈りを込めた贈り物だったと思った。その贈り物を、子どもたちは、ここに掲げた文章のように、精いっぱい味わってくれたのだ。この詩の題名「自分の感受性くらい」どころか、自らの感受性をいっぱいに開いて。

その栗木さんに、子どもたちは、卒業式の「旅だちの言葉」の中で、「国語の授業を通して、僕らの感受性を育ててくれました」と、原稿にはなかったことを言ったそうである。それは、まさに、子どもたちから栗木さんへのお返し以上の贈り物になったのではないだろうか。

栗木さんと篠岡中学校三年生の皆さんに心からの拍手である。

第Ⅱ部

読みの深まりを引きだすために

一　物語の奥の味わいを見つける

〜ハンス・ウィルヘルム作「ずうっと、ずっと、大すきだよ」の授業において

子どもは、まっすぐに読みの世界を受け入れる
その子どもの読みに触れて、教師も自らの読みを深めていく

1　この物語を子どもたちと読む悩ましさ

とってもいい物語なんだけど、授業をするとなると悩ましさを覚えてしまう、そういう声を何人かの教師から聞いた。「ずうっと、ずっと、大すきだよ」のことである。幼い頃からいつも一緒に過ごしてきた愛犬エルフを亡くすという物語が、一年生の子どもには悲し過ぎるからというわけではない。そういう現実の出来事は生きている限り起こり得るわけで、その悲しみから得るものの大きさを考えれば、避けるのではなく、むしろしっかり読み味わわせるべきだと、それらの方々はおっしゃっておられたからである。では、悩ましさとはどういうものなのだろうか。

「ずうっと、ずっと、大すきだよ」は、一年生の国語の教科書（光村図書）に収録された教材だ

が、原本は評論社出版の絵本（訳は、絵本、教科書ともに久山太市）である。

物語は、「エルフの　ことを　はなします。」で始まる。「ぼくたちは、いっしょに　大きくなった。」と書かれているとおり、エルフのおなかを枕にして一緒に夢を見るエルフと「ぼく」の絵が添えられるなど、「ぼく」がどれだけエルフとともに育ったかが描かれている。そして時がたち、エルフは年老いる。散歩もしない、階段も上れない、そんなエルフを、「ぼく」は、木の車に乗せたり、抱っこして階段を上ったりする。そして、ある朝、エルフは死んでしまう。

その後の最終二ページの文章は次のようになっている。

> となりの　子が、子犬を　くれると　いった。もらっても、エルフは　気に　しないって　わかって　いたけど、ぼくは、いらないって　いった。
> かわりに、ぼくが、エルフの　バスケットを　あげた。ぼくより、その　子の　ほうが、バスケット　いるもんね。
> いつか、ぼくも、ほかの　犬を　かうだろうし、子ねこや　きんぎょも　かうだろう。なにを　かっても、まいばん、きっと　いって　やるんだ。
> 「ずうっと、ずっと、大すきだよ。」って。

「エルフは、ぼくの　犬だったんだ。」と書かれているとおり、「ぼく」にとってのエルフは、一緒に遊び、一緒に眠り、ずっと一緒に暮らしてきた存在だった。そのエルフが死んでしまった。ところが、その物語の最終ページに、エルフと同じような犬はおろか、馬や猫など多くの生きものに囲まれて微笑む「ぼく」の絵が描かれているのだ。そして、前掲の本文の最後の三行が添えられている。

だから困ってしまう、教師たちはそう言うのである。

「ぼく」にとってエルフはかけがえのない存在だった。きょうだいのような存在だった。そんな心温まる「ぼく」とエルフの物語なのに、最後の一ページがなぜこういうことになるのか、二人の世界で完結させてほしかったのに――教師たちの悩ましさはそういうことなのだ。

一旦そう考え始めると、最後のページは必要のないものに思えてくる。それどころか、「ぼく」がエルフ以外の生きものを飼うこと、そして、そんな生きものたちに囲まれてにこやかに微笑んでいる結末がうらめしく思われてくる。そこに至るまでの物語がとても心温まるものであるだけに、子どもたちと共有してきたせっかくの味わいが消されてしまうような気持ちになるからだ。

もちろん、現実の生活においても、こういうことはある。子どもたちの中にも、同じように大切な愛犬と死に別れた経験をもつ子どもがいるにちがいないし、新しい犬を迎え入れた家庭もあるだろう。現実生活ではそういうことはある。でも、物語においては、そういう現実的なものではなく、かけがえのない大切な存在とのつながりと別れという純粋なものだけで完結させてほしい、そう思ってしまうのだ。そういう教師たちにとっては、この物語は「ぼくとエルフの愛情物語」であってほしいのであって、あえて子どもが読む物語の結末に、別の生きものに乗り換えてしまう（そのようには描かれてはいないのだけれど）ところまで描く必要はないのではないか、そう感じるのだろう。

そのような悩ましさを耳にするたび、私は、何度もこの物語を読むことになった。そして、授業も参観した。しかし、当然のこととは言え、研究授業として公開される授業においては、悩ましさを覚える最終ページは取り上げられなかった。教師たちの悩ましさは依然として解消されないまま、毎年のように、この物語の授業が行われる、そういうことになっていた。

そういう経緯の中で、私の中に、その悩ましさに向き合わなければならないという思いが生まれてきた。そういう懐疑的な読み方を宿したまま授業をしなければならない教師たちに対して、私が果たさなければならないことがあると思ったからである。

前述した教師たちの悩ましさは心情的に理解できる。愛情をかけた存在との別れは、人をそういう気持ちにしてしまうからである。しかし、その読み方だけにこもるのではなく、異なる目線から読んでみれば、見つめるところが変わる。そうすれば、これまでとは異なる視野が開けてくる。その別の視野を、悩ましさを抱いている人たちに開示する、それができないだろうか、そう思ったのである。それは、私に、別の異なる視野が生まれていることを表していたのだが。

私は、毎年、年間を通して訪問する学校が何校もある。そして、四〇年にも及ぶ学びの場である「東海国語教育を学ぶ会」がある。そのどちらにおいても、私は、何人もの教師たちとともに、授業についていての共同研究をさせてもらっている。そのつながりの中で、「ずうっと、ずっと、大すきだよ」についての「宿題」に向き合うことができれば、そう思っていたのだった。

そんなとき、毎年のように授業を見ている岩本美幸さん（三重県南牟婁郡御浜町立阿田和小学校）の授業を今年も見せてもらえることになった。彼女は一年生の担任だった。私は、思い切って、この話を持ち出そうかと思った。けれども、私の思惑で授業を頼むことには躊躇があった。そうして、彼女の授業は、一旦「たぬきの糸車」ということになった。

ところが、電話でそのやりとりをしているうち、岩本さんが次のように言ったのである。

「私、『たぬきの糸車』もいいけど、『ずうっと、ずっと、大すきだよ』も好きなんです」

渡りに船だった。私は、すぐ、「たぬきの糸車」ではなく「ずうっと、ずっと、大すきだよ」で授業をしてもらえないかと頼んだ。もちろん岩本さんの返事は快諾だった。

こうして、私は、岩本さんの学級の子どもたちの読みを通して、長年の「宿題」に向き合うことになった。そして、大きな大きな収穫を得ることになる。

2　目を潤ませながら、エルフを見送る「ぼく」になった子どもたち

岩本さんと一八人の子どもたちは、この物語の授業を始めた最初から、「ぼく」とエルフの世界に引き込まれたという。年老いたエルフが、獣医さんから「エルフは、年を　とったんだよ。」と言われ、何の処置もしてもらえなかった場面になると、抱いて自分の部屋まで連れていく「ぼく」にすっかり同化して、しんみりしてしまったそうである。

そして、岩本さんと子どもたちの読みは、エルフが死んでしまう場面になる。

「ある　あさ、目をさますと、エルフが、しんで　いた。よるの　あいだに　しんだんだ。」

子どもたちが音読をする。短い文なので三人を指名して三回音読をしたそうだ。すると、読んでいる子どもの声が上ずり、うるうるし始めた。

音読が終わる。いつもなら、ここでペアにして文章を読んで感じたことを聴き合うことになるはずだ。そうすれば、どの子どもも、心の中にあることを語ることができるからだ。ところが、この日の子どもたちは、教科書に目を落としたまま黙ってしまったのだという。

子どもたちは、心の中で泣いていたのだ。岩本さんには、そのことが痛いほどわかった。そしてこんな子どもたちをはじめて見たと思った。もう、何も尋ねないことにしよう、そう岩本さんは決める。そして、エルフの死で心をいっぱいにする子どもたちをただじっと見守ることにしたのだった。

その翌日、物語の読みは、最後の場面を迎えた。目を潤ませながらエルフを見送った子どもたちだ。しかもそんな感情に浸った翌日の授業である。子どもたちは、平常心で読めるだろうか。きっと岩本さんはそんな心配を抱いていたにちがいない。

「本読み、聴かせてください。」

授業が始まると、静かに子どもたちに岩本さんが語りかける。授業の始まりの音読はいつも物語の最初から、しかも一人ひとり、めいめいで。

子どもたちの読み声が教室に響き始める。どの子どももゆっくりと、言葉一つひとつを丁寧に発音していく。ずっと描いてきた「ぼく」とエルフのかかわりを、もう一度描き直しているような感じだ。

子どもたちが読んだのは、昨日読んだところまで。最後の一人まで読み終わると、次は、この時間に読む最後の場面の音読だ。岩本さんが子どもを指名する。昨日読んだところまではめいめいで読ませたのに対して、今から読むところは、一人の子どもが読むのを全員で聴くという音読だ。自分で読むのもよいが、友だちの音読を聴くのも学びになる。

読み終わると、岩本さんがプリントを配る。今、読んだばかりの文章をコピーしたものだ。プリントを受け取った子どもたちは、すぐ鉛筆をもって考え始める。そして、何かに気がつくと鉛筆を走らせる。少し書くと、また、プリントを見つめ考える。そしてまた書く。何人もの子どもは、まさに没入状態だ。

授業開始から一九分が過ぎた頃、岩本さんの声がかかり、書き込みがストップになる。すると、ここでもこの場面の音読だ。物語の文章から離れないために、節目のたびに何度も音読する、それが読む基本だと考えているからだ。

音読が終わると、ペアになる。互いの読みを聴き合うためだ。岩本さんから指示が出ると、さっと体を向け合い、話しだす。話す子どもの目はしっかりと相手の子どもの顔に向けられている。聴くほうの子どもも話す子どもを見つめながら、「うんうん」「そう」「私も……」などと相槌を打っている。一年生でこういう双方向性が出せているのは驚きだ。しかも、そうなっていないペアはない。一年間、いつもいつも実行してきた結果なのにちがいない。

時間は二分。岩本さんは、またまた音読をさせる。一人の子どもの音読を全員で聴く。そうしておいて、一言「じゃ、聴かせて！」と言うと、何人もの手が、すうっと挙がる。そういう子どもの状況をしっとりと見つめながら、岩本さんは子どもを指名し、一人ひとりの話に、クラス全員の子どもたちと一緒になって耳を傾けていく。

> となりの　子が、子犬を　くれると　いった。もらっても、エルフは　気に　しないって　わかって　いたけど、ぼくは、いらないって　いった。
> かわりに、ぼくが、エルフの　バスケットを　あげた。ぼくより、その　子の　ほうが、バスケット　いるもんね。

【さき】「となりの　子が、子犬を　くれると　いった。」のところで、エルフはまだ死んだばかりだし、ぼくはまだエルフのことが好きだし、ほかの動物を、いつか、また、何かをきっと飼うから、となりの子の子犬はいらないと言ったんじゃない。

【ひかり】さきちゃんと似てて、となりの子の子犬よりエルフのほうがずっと大好きだから。……それでね、かわりにね、ぼくのバスケットをあげてる。なんでかと言うと、旅行に行くときにね、三匹も抱っこしとったらね、重いから。（「ああ、そういう意味もあるよね」という声がする）

【ここみ】「かわりに、ぼくが、エルフの　バスケットを　あげた。ぼくより、その　子のほうが、バスケット　いるもんね。」のところで、子犬はちっちゃいから、前のエルフと同じくらいじゃないからさ、抱っこすると三匹もいたらえらい（しんどい）からさ。

【かおり】ひかりさんと一緒のところで、となりの子の子犬より、死んだエルフのほうが大好きだから、「いらない」って、ぼくは言った。

【りか】さきちゃんと一緒のところで、さきちゃんと似てて、子犬をもらわなかったのは、まだ、エルフ、死んだばかりだから、エルフのほうがずっと大好きだから、まだ「いらない」って言った。

【かすみ】となりの子犬は小さいじゃん。「ぼく」が小さいとき、エルフも小さかったじゃん。そのときと一緒のような大きさだから、となりの子犬は。……だからさ、エルフは死んでもさ、ぼくは、エルフのこと大好きやけど、死んだから、それで、となりの子が、子犬あげると言ったけど、……でも、エルフのほうが、死んでも大好きだから、（「うん」「まだね」というつぶやきが聞こえる）……だから、ぼくが二階で寝てたときのバスケットをあげた。

【はな】「となりの　子が、子犬を　くれると　いった。もらっても、エルフは　気に　しないって　わかって　いたけど、ぼくは、いらないって　いった。」のところで、エルフは、まだ死んだばかりだから、まだエルフのことが、死んでも好きだから、どの犬も飼う気にはなっていないから、……だから、となりの子が子犬をくれると言っても、ぼくは「いらない」って言った。

これらの言葉を聴くだけで、子どもたちが、どれだけエルフに愛情を注ぐ「ぼく」になって読んできたかが伝わってくる。「エルフはまだ死んだばかりだし」「死んだエルフのほうが好きだから」「死んでも、エルフのこと大好きだから」、どの子どもも、口を揃えてこのように言う。中には、子犬が三匹もいると抱っこするとしんどいからというやさしさを見せた子どももいたけれど、その子どもも、エルフのことがいちばんだと思っていたにちがいない。

一日前の国語の時間、目を潤ませながら、エルフの死という悲しみに浸った子どもたちなのだから、それは、当然のことだった。

3　言ってあげなきゃいけないじゃん、大すきなんだもん！

授業の残り時間は、あと一五分になった。岩本さんは、最後の一ページに歩を進める。過去に何度も一年生の担任をしてきた岩本さんにとっても、この最後の場面の授業には、いつも難しさを感じていたという。乳幼児のときからずっと一緒に、まるできょうだいのように育ってきたエルフと「ぼく」。毎晩、「ずうっと、ずっと、大すきだよ」と言ってやっていた「ぼく」。そんな「ぼく」のエルフとの思い出が、どのページの挿絵にもあふれていた。

そのエルフが亡くなった。だれにとっても、大事な愛犬を失うことはつらいことだ。子どもたちは、そんなつらさに浸った。だからこそ、「ぼく」も子犬をもらうことはしなかった。けれど、その次のページには、たくさんの動物に囲まれて微笑む「ぼく」が描かれている。いよいよ、そのページに足を踏み入れることになるのだ。

> いつか、ぼくも、ほかの　犬を　かうだろうし、子ねこや　きんぎょも　かうだろう。
> なにを　かっても、まいばん、きっと　いって　やるんだ。
> 「ずうっと、ずっと、大すきだよ。」って。

文章には、ほかの犬をかうだろうとは書かれているが、それは「いつか」と書かれているのだから、今すぐということではない。どれだけ愛情深く接していたとしても、時間を置いて新しい犬を迎え入れることは、だれにでもあることである。このページの挿絵だって、今、こういうふうにしているということではない。「いつか」ということであり、しかも、これは「ぼく」の心のイメージなのだ。

そんなことはわかっている。そうだとしても、子どもたちが読む物語の最後に、あえてそれを入れることはないのではないか、それよりも、エルフのことで心をいっぱいにして読み終わったほうが感動が深いのではないか、それが、何人かの教師が感じていたことだった。

しかしこれは教科書に掲載されている物語であり、いやおうなしに最後のページに辿り着く。そして、気乗りしないまま読ませることになる。すると、これまでどの学級においても、子どもたちは新しい動物たちのことを楽しそうに語りだすのだ。こうして、教師たちは、なんとも心さびしい割り切れなさを感じつつ、授業を終える、そうなってしまうのだ。

この物語にこのような事情があることは、岩本さんとこの作品で授業をすると決めたときに話したのだった。そういうことをわかってもらって授業をしてほしかったからである。そのとき、岩本さんもそのように感じてしまう教師たちの気持ちに共感していた。

その場面の読みにこれから入っていく。今年の子どもたちは、エルフが亡くなる場面であれだけ目頭を潤ませたのだから、もしかすると、「ぼく」がエルフと同じように「大すき」と言うことに抵抗をもつかもしれない、もちろんエルフの場合と同じようにすると言ってくる可能性もある。その場合でも、何かこれまでにはない「ぼく」の思いを出してくるかもしれない。岩本さんはそんなことを考えていたそうだ。いずれにしても、「ぼく」の思いをどのように感じるかだ。授業時間は残り一五分。いよいよだ。

言いそびれていたが、この日の岩本さんの授業は、彼女の学校に足を運び、教室で参観したものではない。授業後、授業映像を収めたSDカードを送ってもらって視聴しているのだ。その授業が残り一五分になり、佳境を迎えたということである。

実は、授業が終わった日の夜、私のところに、岩本さんからメールが来た。彼女のメールは短いものだった。そこには、「何か、授業していて、面白くなかった」とだけ書かれていた。

私は、その短いメールが岩本さんの気持ちを表していると思った。岩本さんとすれば、何か特別なことが出てくるのではないかと思っていたけれど、そういったものは何も出てこなかった。なんだか拍子抜けした、そういうことなのだろうと思った。

メールを見た私は、一瞬、「そうだったか！　何も生まれなかったか！」と思ったが、「いや、待てよ、もしかすると、その普通の子どもの読みがまっとうなのであって、そのまっとうさの意味をだれかが言葉にしているかもしれない」、そう思い直した。そこで、急いで、映像の収まったSDカードを送ってもらうよう依頼したのだった。

送られてきた映像を見て、まず感激したのは子どもたちの姿だった。私の心が鷲づかみにされるのにさして時間はかからなかった。一年生とは思えないほどきりっとした凛々しさがある、それでいて音読にも話す言葉にも情感がこもっている、ペアで聴き合う言葉の行き交いがなんともかわいい、なるほどこれなら岩本さんが「この子たちなら」と期待するのも無理はない、そう思った。

映像は、いよいよ最後の「いつか、ぼくも、ほかの　犬を　かうだろうし〜」の読みに入った。子どもが音読する。そして、ペア。私は、いったい、子どもたちはどんなことを語るのだろう、と、わくわくする思いで耳を澄ます。ところが、ペアをする子どもの声が聞き取れない。ヘッドフォンをつけて耳を集中させるのだけれど、何を言っているのかわからない。ペアにおける声は、隣の子にだけ聞こえればよいので声量を落としているし、マスクもしている。おまけにどのペアも話しているので声が重なり聞きづらい。

何分間か耳を済ませ、もうだめかなあと諦めかけたときだった。いちばん前に座っている「かすみ」とペアを組む「あおい」の声が、私の耳にいきなり飛び込んできたのだ。私は、すぐヘッドフォンをつけ直し、あわてて耳を澄ます。

「いつか、ぼくも、ほかの　犬を　かうだろう」ってさ、「いつか」って書いてあるからさ、「ぼく」はさ、何日か後にさ、飼ってさ、「ぼく」の家族みたいに、家族にしてかわいがってあげて、その子に、世話をやってるだけじゃなくて、エルフとほかの動物も、同じように、大好きだから、「ずうっと、ずっと、大すきだよ」って、エルフにも言っとったやろ。

「あおい」の言葉を聴きながら、私は、「そうか。そうだ」と思う。

子どもにとって、生きものを飼うとは、家族が増えるということなのだ。エルフもそうであったし、もし、ほかの生きものを飼うとしても、その生きものも家族の一員になるのだ。それは、特別なことでも何でもない、子どもたちにとっては当たり前の意識なのだ。

そのときだった。私の心の中に、一つの考えが浮かんできた。

それは、彼が、エルフかほかの動物か、という二者択一的な考え方はしていないということだった。それは、エルフとほかの動物を比較するなどという考えはまるで頭にはないということを表していた。つまり、新しい動物を飼うということは、エルフを否定することにはならないということなのだ。

私は、ぶるっと震えを感じた。そして、その気づきは、「あおい」と「かすみ」のその後の対話によって、さらなる広がりを見せる。

だから、「ずうっと、ずっと、大すきだよ」って、エルフにも言っとったやろ。だからさ、ほかの動物にも言ってあげなきゃいけないじゃん。

そう言った「あおい」は、「そうだよね」と言わんばかりに、「かすみ」に向かって力を込めた。それに対して彼女は「うん、うん」とうなずいて応えている。「あおい」は続ける。

大好きなんだもん。だって、（挿絵を指で指し示しながら）こんな動物なんだもん。大好きにしか見えないよね。

そんな「あおい」に対して、「かすみ」も言う。

そうだね。……へびでも大好きなんだよね。

と。それを聴いた「あおい」は、はっとしたように、いかにもうれしそうに声を弾ませる。

そうだよ、そうだよね。……（へびでもみんな大好きなんだね。）すごいね！

「あおい」が「こんな動物だもん、大すきにしか見えないよね」と言っている。いかにもうれしそうな声だ。その彼が、「かすみ」に「へびでも大すきなんだよね」と指摘されて、一旦驚いたように「そうだよ。そうだよね」と言った後、一言、感激したように「すごいね！」とつぶやいたのだ。

私は、この二人の様子を、引き込まれるかのように眺め、そして、感激し、微笑んだ。それは、エルフとともに過ごし、そこから生まれた「大切なつながり」をもとに、さらに博愛的な思いを、屈託なく表す子どもの世界の美しさだと思った。エルフに対する愛を否定するのでは決してない。そうではなく、生きとし生けるもののみんなに愛を注ぐ美しさだと思った。

私はようやく気がついた、「エルフと、いつか飼うかもしれないほかの動物とは比較されているのではない」ということに。それは、「あおい」がそう読んでいたというだけでない。この物語自体にもそのように書かれているのだ。にもかかわらず、私たち読者が、エルフとその他の動物を並べて、どちらがより「大すき」なのかと考える罠にはまってしまった、そういうことなのではないだろうか。そうだ、私に相談に来た教師の悩ましさはその罠にはまって生まれたものだったのだ。

そう感じたとき、私ははっきり思った。この物語は、「ぼくとエルフの愛情物語」ではないということに。それが、授業前に私が感じていた「異なる目線から生まれる別の視野」ということと結びついた。

ともに生きる「他者」の存在が、どれだけ自分を豊かにしてくれるか、自分にとって大切な存在であるか、それを強く感じさせてくれたのはもちろんエルフだったのだけれど、エルフ亡き後、出会うであろうだれとでも、そういう関係が築けること、それが大切なことなのだ。エルフは、そういう大切さを「ぼく」に残してくれた大切な存在だった、そう読むことがよいのではないか、そう思えてきたのだった。

ペアが終わり、授業は、みんなで語り合う場面に入った。

私は、「あおい」の言葉と、そこから生まれた気づきの余韻に浸りながら、ほかの子どもたちも、きっと「あおい」のように、「ぼく」と「ほかの動物」を比べたりはしないだろう。そう思って耳を澄ませた。

【こたろう】「ぼく」は、動物が何でも好きだから、何を飼っても、「大好き」って言ってあげる。

【みか】「ぼく」は、エルフはいないから、エルフと同じで、いつも「ずうっと、ずっと、大すきだよ」と言ってやるのかな。

【こうた】馬とか犬とか、……同じ家族だし、……エルフみたいに、犬とか、亀とか、……エルフみたいに、ずっと、ずっと、かわいがってあげる。

【りか】へびや馬も、エルフのように大事な家族やから、何を飼っても、大好き。

【ももか】まだ、ねこや犬や、いろいろな動物を飼うだろうし、……「ぼく」は、動物、いっぱい好きやし、……だから、動物、いっぱい飼って、毎晩、「ずうっと、ずっと、大すきだよ」と言ってやる。

【はな】「ぼく」にはあまり嫌いな動物はいないかもしれないから、何を飼っても、「ずうっと、ずっと、大すきだよ」って言ってやりたい。

【さき】どんな動物を飼っても、エルフみたいにかわいがって、家族みたいに、一緒に外に連れていってさ、……何を飼っても、忘れやんように、「ずうっと、ずっと、大すきだよ」って、毎晩、一日のうちに絶対言ってやるんやと思う。

【あおい】あのさ、エルフが死んじゃったじゃん。……「いつか、ぼくも、ほかの　犬をかうだろう」って言ってるじゃん。だから、さきちゃんと同じで、エルフに、毎晩、「ずうっと、ずっと、大すきだよ」と言ってやってたじゃん。……だからさ、だからさ、どんな動物でも、「ぼく」の大事な家族だから、……エルフだけじゃなくて……、だから、何を飼っても、毎晩、きっと言ってやるんだと書いていることだから、「なにをかっても」ということだから、動物が嫌いじゃないという意味がそこから出ててさ、「ずうっと、ずっと、大すきだよ」って書いてあるから、その動物に、エルフと同じ家族で、それに「ずうっと、ずっと、大すきだよ」って、何を飼っても言ってあげる。

【まさと】あおくんと一緒で、「なにを　かっても、まいばん、きっと　いって　やるんだ」って、「なにを」って書いてあるやん。そこはさ、何でも好きやからさ、全部大好きやから、みんなに、「ずうっと、ずっと、大すきだよ」って言う。

【ここみ】おうむとかさ、いつも、家族だからさ、寝る前に、エルフみたいに、エルフと同じ気持ちで、「ずうっと、ずっと、大すきだよ」って言った。

子どもたちは、「なにを飼っても『大好き』と言ってやる」「馬も、同じ家族」「『ぼく』は動物がいっぱい好きやから」「一緒に外へ連れてって、毎晩『ずうっと、ずっと、大すきだよ』って言ってやる」などと、躊躇なく口にしている。私の予想どおり、そこには、別の動物への戸惑いとか抵抗とかはない。ただ、「エルフみたいに」とか「エルフと同じ家族だから」などと、エルフのことは決して忘れてはいない。けれど、エルフにしてやったのと同じようにしてやるのだと言っている。やはり「あおい」と同じだった。

4 「ずうっと、ずっと、大すきだよ」のもつ意味

私の読みは、岩本さんの学級の子どもたちの読みを聴くことによって新たな息吹を吹き込まれた。それは私にとって、この上ない喜びだった。しかし、喜びはそれだけではなかったのである。この物語は、「ぼくとエルフの愛情物語」ではないと述べた。それは、岩本さんの授業の前から考えていた「異なる視野」とつながることだった。その私の考えが、子どもたちの読みに触れて、確信に変わったのだ。

私が授業前から感じていたこと、それは、「ずうっと、ずっと、大すきだよ」が題名であるということから出てきたことである。

この題名は、原本にも『I'll Always Love You』とつけられているように、翻訳に当たって特に変更されたものではない。つまり、原作者のハンス・ウィルヘルムの考えが大切に訳された題名だということである。

この題名の言葉は、題名だけに使われているのではなく、本文の中に三回出てくる。一回目は、年とって階段が上がれなくなったエルフを二階の自分の部屋まで抱っこして上がる挿絵の横に、

> ぼくは、エルフに　やわらかい　まくらを　やって、ねる　まえには、かならず、
> 「エルフ、ずうっと、大すきだよ。」

って、いって　やった。エルフは、きっと　わかって　くれたよね。

と書かれている。二回目は、亡くなったエルフを庭に埋めたときである。

ぼくだって、かなしくて　たまらなかったけど、いくらか　気もちが　らくだった。
だって、まいばん　エルフに、
「ずうっと、大すきだよ。」
って、いって　やって　いたからね。

そして、三回目は、いつかほかの犬などを飼うことになっても、きっと言ってやると書かれている最後の場面のところである。その文章は前掲（一一四ページ）のとおりである。

この「ずうっと、大すきだよ」という言葉については、もう一つ忘れてはならないことがある。それは、エルフにそう言ってやっていたのは「ぼく」だけであって、彼以外の家族は、言ってやっていなかったと書かれていることである。

最初は、エルフが花壇を掘り返すいたずらをしたときで、次のように書かれている。

みんなは、エルフの　こと、大すきだった。

すきなら　すきと、いって　やれば　よかったのに、だれも、いって　やらなかった。
いわなくっても、わかると　おもって　いたんだね。

そして、エルフが亡くなったときも、次のようになっている。

みんな　ないて、かたを　だきあった。
にいさんや　いもうとも、エルフが　すきだった。でも、すきって　いって　やらなかった。

「ぼく」は、エルフと、いつか飼うことになるかもしれないほかの動物とを比べて考えていたのではない、私は、岩本さんの学級の子どもたちから学んだこととしてそのように述べた。そして、それは、子どもたちがそう感じたというだけでなく、物語においても、比較するようには書かれていないとも述べた。
それに対して、「ずっと、大すきだよ」と言っていたかどうかということについては、「ぼく」と、兄や妹とは、比較するように書かれている。しかも、この「ずうっと、ずっと、大すきだよ」が題名なのだ。それは何を表しているのか。
そう考えて、私は、自分が授業前から感じていたことを頭の中に呼び起こした。そして、反芻した。そのうち、それは、やはりそうだという確信に変わっていった。

この物語で最初に深く心に響いたのは、当然のことだが、エルフを亡くした悲しみだった。けれども、何度も読んでいるうちに、それ以上に感じられてきたのは、自分にとってこの上なく大切な存在に対して、「ずうっと、ずっと、大すきだよ」という言葉を常にかけていた「ぼく」の思いだった。

「ぼく」は、兄や妹の行為に対して「いわなくっても　わかる」ということではなく「すきなら　すきと、いって　やれば　よかったのに」と思っていたし、亡くなったときでも、「ぼくだって、かなしくて　たまらなかったけど、いくらか　気もちが　らくだった」と書かれている。

そうなのだ。「ぼく」にとってのもっとも深い愛情表現は、「ずうっと、ずっと、大すきだよ」と、言葉に出して伝えることだったのだ。言わなければ伝わらない。本当に「大すき」なら、本当に自分にとってかけがえのない存在なら、それを言葉にしなければ、その思いは相手に伝わらない、それこそがこの物語に描かれていることではないか。

だから、最後に、いろいろな動物に囲まれる「ぼく」が描かれ、「なにを　かっても、まいばん、きっと　いって　やるんだ。『ずうっと、ずっと、大すきだよ。』って」と書かれ、その言葉で物語が閉じられているのだ。自分と深いつながりのあるものなら、だれに対してもそう伝えなければならないのだよとでも言うように……。

私が考えていたこの「異なる視野」が、岩本学級の子どもたちによって命を吹き込まれたのだと思う。「エルフといつか飼うかもしれないほかの動物とは比較しない」子どもたちの純粋な心の向け方によって。

今、考えると、私の「異なる視野」は、解釈の域を出ていなかったのかもしれない。それが、岩本学級の子どもたちの読みに触れて、この物語の奥に存在している芯の部分にようやくたどり着くことができたのではないだろうか。


それにしても、冒頭で述べたような悩ましさを少しも感じないで、エルフにも、「いつか　かうだろう」動物にも「ずうっと、ずっと、大すきだよ」と言ってやる「ぼく」の気持ちに、すっと寄り添ってしまう子どもたちの感受性は驚きだ。

彼らには私が述べているような理屈などないだろう。いや、子どもたちには、そんな理屈は要らない、子どもは、理屈抜きの全身で物語の核心を感じ取ってしまうから。

そのことが、前掲の授業の翌日に書いた「『ぼく』に宛てたお手がみ」に見事にも表れている。全員のものを読んでいただくわけにはいかないが、ほぼすべての子どもが、「ずうっと、ずっと、大すきだよ」と言っていることに触れている。それだけでもすごい。子どもの頭には、この言葉が、強く強く残ったのだと思う。

しかし、私が感動したのはそれだけではない。その「ずうっと、ずっと、大すきだよ」という思いが「つたわっている」と書いた子どもが何人もいたことである。

エルフにやさしいね。エルフがしんじゃってつらいね。まいばんエルフに、「ずうっと、ずっと、大すきだよ」って、まいばんわすれないでいってすごいね。

いつか、きんぎょやへびもかって、エルフみたいに、まいばん、「ずうっと、ずっと、大すきだよ」っていってあげてね。きっとエルフに「ずうっと、ずっと、大すきだよ」のことばがつたわってるよ。

「ずうっと、ずっと、大すきだよ」

エルフにいつも「ずうっと、ずっと、大すきだよ」っていってあげてすごいね。エルフ、しんじゃって、かわいそうだね。いつか、うまや、へびとかかうの？

ぼくは、いつもエルフに、「ずうっと、ずっと、大すきだよ」っていってあげてたから、エルフにつたわってうれしかっただろうね。

ずっとエルフのこと、大すきでいてあげてね。

ぼくってやさしいね。エルフがしんでかなしいよね。

いつか犬やねこもかって、「ずうっと、ずっと、大すきだよ。」っていってやるんだね。いつか犬をかっても、やさしくしてあげてね。あとのほかのどうぶつにも、やさしくしてやるんだよ。虫でも、へびでも、きっと「ずうっと、大すきだよ」っていってやってね、きっとつたわるよ。

心からの思いは言葉にしなければならない。そうすれば、それは必ず伝わる。子どもたちはそう感じている。「ずうっと、ずっと、大すきだよ」という言葉はその象徴なのだ。

子どもたちは難しいことは言えない。感じたそのままを語るだけだ。けれど、そこに核心がある。

物語の奥にある味わいは、純粋な子どもの感受性によって姿を現す。子どもの読みはすごい！

子どもの読みから学ぶ魅力

子どもの読みから学ぶ、それは、私が、自分に教室があった頃から実践してきたことである。

私は、子どもの頃から、本が好きだった。とは言っても、父親を戦争で亡くし、家業の食料品店を祖父と母が目の回るような忙しさで切り盛りする家庭には、読書環境と呼べるものはなかった。だから、本好きと言っても、手に取っていたものは取るに足らないものばかりであった。

そんな私が、教師になった途端、文学の授業に目覚めたのだ。私が、児童文学だけでなく日本文学にまで目を向けるようになったのは、教師になって数年してからのことだったと思う。つまり、私には十分な文学の素養が身についていなかったのだ。私が、子どもの読みから学ぶということを今もって忘れていない理由はそういうことからわかっていただけるだろう。ただ、そういう私の経緯は、教師である私にとっては、かえって幸運だったと思っている。

ところで、「ずうっと、ずっと、大すきだよ」の授業をした岩本美幸さんだが、岩本さんというと、すぐ目に浮かぶ授業がある。それは、本書の第Ⅰ部でも取り上げているアーノルド・ローベルの「お手紙」の授業である。

お手紙がこないと嘆くがまくんに、かえるくんが手紙を待つように説得する。そのとき、がまくんは「いやだよ」とか「ばからしいこと言うなよ」と言ってかえるくんの説得に耳を貸そうとしない。そこを読んでいたときだった。一人の子どもが突然立ち上がって前の黒板のところにつかつかと歩んでいって、黒板に掲示された本文のがまくんの言葉を指で指し、「これって、ほんとに怒ってるんかなあ?」と言ったのだ。教室の雰囲気はこの一言で一変する。それまで、手紙が来ないと投げやりになっていると読んでいた子どもたちが、相手がかえるくんだからこそ、こんな言い方でお手紙がこない気持ちをぶつけていると読んでいったからである。一人の子どもの一つの言葉によって、学級の空気に揺れが生まれ、文章の奥にあるがまくんの心に子どもたち全員で迫っていく、その印象は今も鮮明だ。

岩本さんの学級の子どもたちは、どこの学校のどの学年であっても、真摯に、意欲とつながりに満ちた学び方をするようになる。岩本さんは厳しい指導をする人ではない。むしろ、丁寧に子どもに寄り添って子どもとともに歩むかかわり方をする人だ。だから、岩本学級は、彼女の子どもへの願いでつくられているのだといつも思う。

そんな彼女の授業をこれまでいくつも見てきたのだが、今回の授業を見て、ふっと感じたことがある。それは、岩本さんもまた、子どもから学んで文学の授業を磨いてきた人ではないかということだった。そうでなければ、子どもはここまでの状態にはならないからである。

私の周りには、子どもの読みから学ぶ魅力を感じている教師が何人もいる。岩本さんも、そのうちの一人である。岩本さんは、私がここに記したことからまた新たな学びをするにちがいない。それが、彼女の次の授業の礎になる。

二　子どもの読みから教師が受ける学び

〜立松和平作「海のいのち」の授業において

子どもの読みから学ぶとは？
子どもとともに読み味わうとは？

1　子どもの読みから学ぶということ

授業をすることによって、あるいは、授業を参観し子どもの読みに出会うことによって、教師が、自らの読みを新しくする、あるいは深くする、そういうことがあるだろうか。

相手は、年端もいかない小学生や中学生である。生きてきた年数も経験も、教師のほうがはるかに豊富だ。文章を読む経験も比較にならないだろう。にもかかわらず、そういうことはある、起こり得る。それほど子どもの読みには魅力がある。

もちろん、教師が有しているものと同じようなことについての子どもらしい発想であったり、子どもの目線での言い方であったりすることもある。そういうものであっても、それは新鮮だ。

その新鮮さが感じられる教師でありたい。ましてや、教師の想定にはない気づきが出てきたら、教師はどうするだろうか。たいていは驚き、そしてその考えをどうしていけばよいのかと迷い考え込むことになるだろう。これは経験したことのある教師なら思い当たるにちがいない。

そういう子どもの考えは、ほとんどの場合、唐突に姿を現す。だから、それがどういう意味を有するのか、どれほどの値打ちがあるのか、咄嗟に判断できないことが多い。何を言っているのか理解できないことすらある。言いだした子どもにしてみれば、授業をしているその場で気づいたことなのだ。だから、子ども自身もまだ明確ではなく理路整然と話せるようなものにはなっていないことが多い。

そういうまだ海のものとも山のものともしれないものだと、子どもの言葉は曖昧になる。けれども、不思議なもので、それを語りだした子どもの表情や雰囲気になんとも言えない力が感じられることが多い。それは、何かに気づいたというその子どものときめきとか喜びとか興奮とか、そういったものが表れるからにちがいない。

その雰囲気から、この子どもの言おうとしていることに何かある、この子どもの気づいたことが何なのか見届けなければ――教師がそう直感できたらどんなに素晴らしいだろうか。その直感力があるかないか、その差は極めて大きい。

こうして浮上した子どもの気づきを学びの俎上に載せることができれば、テキストになっている作品の文章と突き合わされ、仲間の考えとつながり合うことになる。そうなれば、気づきが気づきを生み、その気づきの実像が見えてくる。それが、もし、だれも考えていないものだったら、教師も思い及んでいないことだったら、しかも、それが、その作品の読みを背負うほど大きな意味をもつものであったら……。

もし私が子どもの前に立つ教師であったら、いや、授業者ではない参観者の一人であったとしても、心震える思いで子どもの言葉を受けとめるだろう。そして、その子どもの読みから学ばなければならないと思うだろう。

かつて私は、こういうとき、子どもが読めていることが読めていない自らを恥ずかしく思っていた。授業の前に読み込んでおけば、この子に言われるよりも前に読めていたはずだと思ったからである。けれども、そう思って自らの読みを深めようと励んだにもかかわらず、同じようなことが何度も起きたのだった。そのうち、自らの読みの深化に努めることに変わりはないけれど、恥じるというようには考えないようになった。人は、年齢に関係なく、物語の世界を味わうことができるのであり、相手がだれであろうと、自らの心の震えに素直に従うことにしようと思ったからだった。

弟子が師匠を超えることほど素晴らしいことはないとは、技術を必要とする仕事の世界でよく言われることである。子どもは教師の弟子とは言えないが、子どもが教師の予測を超える考えを出してくる、それは素晴らしいことだ。教師の思いどおりに子どもが動く授業をしようと思っているうちは、子どもの力は本当には伸びていないのだ。子どもが自分を超えていくことを喜ぶべきだ、そう思うようになった。

文学を読み味わうのは子どもである。だから、教師は、解釈を教えることよりも子どもから読みが生まれるようにしなければならない。そして、子どもから出されてくるものに耳を澄まし、受けとめなければならない。そして、子どもとともに自らもその作品の読者にならなければならない。教師がそういう思いで子どもの読みに向き合っていれば、子どもの読みから学ぶという行為は、ごく自然なこととして行われていくにちがいない。

そこまで考えてふと思う。子どもが魅力的な読みを出してくる学級にいる教師はそういう教師にちがいないと。

2 「海のいのち」という物語と授業の骨格

「海のいのち」という物語は、立松和平の作によるもので、六年生の国語の教科書（東京書籍）に掲載されている。私が見せていただいた加藤祐一さん（四日市市立内部東小学校）の授業は、物語の終盤の場面であった。物語のこの時間までのあらすじとこの時間に取り上げた本文にまず目を通していただこうと思う。

太一の父は村一番のもぐり漁師だ。その父が、ある日漁から帰らなかった。父は、岩のように巨大な魚にさしたもりとロープでつながったままこときれていた。太一は、中学校を卒業する年の夏、与吉じいさに弟子入りをする。そうして何年か後、与吉じいさが太一に言う、「おまえは村一番の漁師だ」と。屈強な若者になった太一。「おまえが、おとうの死んだ瀬にもぐると、いつ言いだすかと思うと、おそろしくて夜もねむれないよ」と言う母の心配をよそに、太一は、父の海にもぐるようになる。それから一年後……。

授業で取り上げた場面の文章は次のようになっている。


追い求めているうちに、不意に夢は実現するものだ。

太一は海草のゆれる穴のおくに、青い宝石の目を見た。

海底の砂にもりをさして場所を見失わないようにしてから、太一は銀色にゆれる水面にうかんでいった。息を吸ってもどると、同じ所に同じ青い目がある。ひとみは黒い真珠のようだった。刃物のような歯が並んだ灰色のくちびるは、ふくらんでいて大きい。魚がえらを動かすたび、水が動くのが分かった。岩そのものが魚のようだった。全体は見えないのだが、百五十キロは優にこえているだろう。

興奮していながら、太一は冷静だった。これが自分の追い求めてきたまぼろしの魚、村一番のもぐり漁師だった父を破った瀬の主なのかもしれない。太一は鼻づらに向かってもりをつき出すのだが、クエは動こうとはしない。そうしたままで時間が過ぎた。太一は、永遠にここにいられるような気さえした。しかし、息が苦しくなって、またうかんでいく。

もう一度もどってきても、瀬の主は全く動こうとはせずに太一を見ていた。おだやかな目だった。この大魚は自分に殺されたがっているのだと太一は思ったほどだった。これまで数限りなく魚を殺してきたのだが、こんな感情になったのは初めてだ。この魚をとらなければ、本当の一人前の漁師にはなれないのだと、太一は泣きそうになりながら思う。

水の中で太一はふっとほほえみ、口から銀のあぶくを出した。もりの刃先を足の方にどけ、クエに向かってもう一度えがおを作った。

「おとう、ここにおられたのですか。また会いに来ますから。」

こう思うことによって、太一は瀬の主を殺さないですんだのだ。大魚はこの海のいのちだと思えた。

どうして太一は瀬の主をうたなかったのか

漁師として成長した主人公・太一が、彼がまだ幼かった頃に父を破ったクエらしき大魚に対面する、その場面を読むために、加藤さんが子どもたちに示したのは次の課題だった。

子どもたちは、この課題に対してすでに考えを有していた。だから、提示されるとすぐ、何人かの子どもが次々と考えを出してきた。加藤さんは、その子どもたちの考えを受けとめ、そこからいくつかの事柄に立ち止まりながら読みを進めていった。その立ち止まった事柄はおおむね次の二つだった。

> **①　太一は、瀬の主を父だと思っているのだろうか**
> **②　「村一番の漁師」と「本当の一人前の漁師」は、同じだろうか、違うのだろうか**

3　子どもが自らの読みに揺れを起こす瞬間

「どうして太一は瀬の主をうたなかったのか」という課題に対して子どもたちが出してきた考えは、ほぼ次の三つに集約された。

大魚・クエを父だと思って父と重ねてうたなかった。

大魚が海のいのちだと思ったのでうてばその主が消えることになる。だからうたなかった。

村一番の漁師になるという自分のためだけではうてなくなった。

どの考えも、間違っているわけではない。「本当の一人前の漁師にはなれないのだと、太一は泣きそうになりながら思う」という一節、太一が笑顔をつくって呼びかけた「おとう」という一言、そして「大魚はこの海のいのちだ」という言葉が印象的に映るからだ。私が参観したほかの教室において出されたものと大差はない。子どもたちはそう感じるのだろう。

しかし、どの授業においても、子どもたちの表情に、本当にそうなのだろうかという釈然としない雰囲気が漂う。それは父を破った大魚を「おとう」と呼ぶことに違和感があるからだ。今、まさに殺そうとしている相手を尊敬する父として呼びかける、そのことを子どもたちはさまざまに解釈する。たとえば、この授業でも「太一は瀬の主が父だと思った。父の生まれ変わり」と言った子どもがいた。だから、子どもたちも解釈上では考えることができているのだ。しかし、このあまりもの飛躍が心の中で不協和音を奏でる。それは、授業をする教師も同じなのではないだろうか。この授業でもそうだった。

加藤さんが尋ねる。

瀬の主は父なん？

まさに直球勝負である。だから、子どもは次のようにその直球を打ち返すしかない。

太一が思っただけで、本当は違うけど、そう思ってる。

と。別の子どもがそれを受けてこうつなぐ。

「おとう、ここにおられたのですか」って書いてあるから、(太一は「おとう」と) 思い込んでいる。本当の父ではない。

と。

そのときだった。この二人の考えの連鎖にじっと耳を傾けていた詩織という子どもが、ふっと、何かを思案するような口調で次のようにつぶやいたのだ。

本当は、クエを殺したくなかったんちゃうかな?

詩織は、たった何分か前に「瀬の主が海のいのちやとすると、父と重ねたからうたなかった」と述べていた子どもである。その詩織が、何かに気づき、こうつぶやくように言葉を発したのだ。

「父と重ねたからうたなかった」ではなく、「殺したくなかったのではないか」と。詩織の心に揺れが生まれたにちがいない。

そのきっかけは間違いなく直前の子どもの発言を聴いたことにある。

その発言は「『おとう、ここにおられたのですか』って書いてあるから……」と語り始められている。その言葉をきいた詩織は、教科書のその部分に目をやったのだろう。そこには、「こう思うことによって、太一は瀬の主を殺さないですんだのだ」と書かれていた。その一文が目に飛び込んできた。詩織はふっと考え込んだ。何らかのひらめきを感じたからだ。

それは、今まで考えていた「おとうと重ねた」ということとどこか違っていた。それがどういうものなのかはまだわからない。けれども、太一は、「おとう」云々に関係なく殺したくなくなっているのではないか、いったいそれはどういうことなのだろう？　そういう思いが生まれてきたのだ。こうして詩織は一人考え始めることになる。

私は、文学の授業は「読みを学び合うこと」に意味があると述べている。子どもの読みが、あたかも陳列台に並べるかのように、発表させられるだけになってしまったら、授業をする意味がないからである。一人ひとりの読みは、聴き合われることによって深みを増す。異質な読みに出会ったり、まだ気づいていなかったことに出会ったりすることによって、考えもしなかった読みが見えてきたり、逆に他者の読みと衝突を起こしたりする。その衝突が読み直し、味わい直しを子どもたちにもたらすのだ。

詩織の一言はまさに学び合われるべきものを有していた。解釈することでなんとなく納得しようとしていた子どもたちに、新しい風を吹き込むきっかけを提供することになるかもしれなかった。しかし、詩織の気づきが生まれたそのときに、彼女の気づきの中身がどういうもので、そこから生まれる読みの可能性がどういうものなのかが判断できる教師は少ないだろう。予測なしに出てくる突発的なものに、瞬間的に対応することほど困難なことはないからである。

断っておくが、詩織の考えに立ち止まることで、すべての子どもの読みをその考えに導こうというのではない。異なる角度から読み直すことで、一人ひとりの子どもの作品との触れ方が濃くなり、それによってより深い味わいが生まれるからである。新しい角度も示されず、何の気づきも出されず、葛藤も熟考も困惑も生まれない授業から、学びの深まりは期待できないのだ。

このときの詩織の気づきと揺れはまさにそういう学びを可能にするものだったと言える。けれども、この瞬間に、しかもたった一言からそれを察知することは至難のことだ。加藤さんもそうだった。彼は、

「一度（ペアで）考えてみる？　海のいのちやからうたなかったとか、うつとほかの魚も消えちゃうからとか、実は大魚は父じゃないかって考えが広がったけど、父だと思ってるんやろか、父だと思い込むことによってうたなかったということやろか？　ペアで話してみて」

と方向づけた。

後から検討してみると、この加藤さんの水の向け方は、このとき詩織の心の内で揺れ始めていたものと外れていることがわかる。詩織は「おとうと父を重ねる」ということとはかかわりなく「殺したくない」という思いが生まれたのではないかと気づきつぶやいたけれど、加藤さんは、「父と重ねることでうたなかった」という考えの是非に話題をもっていったからである。それが、先に掲げた「立ち止まり①」だったわけである。

4　揺れが確信に変わる――教室に学びが生まれるとき

加藤さんの方向づけを受けて、すべての子どもがペアになって考える。

子どもたちは、加藤さんから出された「太一は、大魚を父だと思っているのだろうか」という問いについて考えているはずだった。ところが、ペアを終えるやいなや一人の子どもが言ったのは意外なことだった。

太一が出会ったクエと父を倒したクエは同じクエではないのじゃない？

これは加藤さんの問いと微妙にずれている。この子どもは、目の前のクエを父と思ったかどうかよりも前に、このクエは父を倒したクエとは別のクエではないかと言いだしたからである。こういうときは、「今、考えているのはそういうことじゃないよ」と言うか、「後で考えようか」とか言って、取り上げないことにすることが多い。けれども、加藤さんの授業ではそうはならなかった。子どもたちがそうしなかったからである。

何人かの子どもに「あぁ、そう考えるのか」というような表情が流れる。つまり、考えは考えとして受けとめるということだ。けれども、そうだと同意するわけにもいかない。このクエは父を破ったクエそのものだと太一は考えていると思って読んでいたからだ。一人の子どもが口を開く、「違うかもしれないけど……太一は同じだと思っている」と。やんわりとした言い方だ。何人もの子どもがうなずいている。「同じではない」と言いだした子どもは黙っている。彼にも確証があるわけではないからだろう。しいて言えば「父を破った瀬の主かもしれない」という文末表現なのだろうが、それとて、別のクエだという決め手にはならない。

この子どもはどうしてもこのことが気になったのだろう。さきほどの詩織のときもそうだったけれど、全く別角度から出される気づきには大事なことが含まれていることが多い。しかし、その後、その子どもが何も言わなかったことから、このことは忘れられていくこととなる。

別の子どもの手があがった。彼は、こう話す。

太一はクエを父だと思っているし、（クエの中には）与吉じいさも入っている。

与吉じいさも海で生き、海に帰った存在だし、それは父と同じことだから、クエを父だと思うのなら与吉じいさもクエの中に入っているということなのだ。そう読んでも構わないとは思うが、クエの中に与吉じいさも入っているのか入っていないのかと考えることはよいことではない。その調子で考えを広げていけば、物語の中心からどんどん外れていくことになる。この学級の子どものすごいところは、そういう危ないところに差し掛かると、それとなく軌道修正する発言が出ることだ、次のように。

（父も与吉じいさも瀬の主であるクエの中に）入ってはないけど、父だと思い込んどる

この子どもが言ったのは、父や与吉じいさが入っているかどうかと言えば、客観的には入っているわけがないのだから、大切なのは、そう思った太一の心なのだということなのだろう。つまり、太一は、このクエを父だと思い込んでいると言いたかったのだろう。

その瞬間だった。再び、先ほどの詩織が口を開いたのだ。

これな、「こう思うことによって殺さないですんだのだ」……

詩織は、物語の一節を声に出して読む。それは、さきほど「本当は、クエを殺したくなかった

んちゃうかな？」と発言した際に目をつけていただろう箇所だ。あの後、ペアがあり、「太一が出会ったクエは父を倒したクエなのかどうか」が話題になっていたのだが、彼女は、それらのことに対処しながらも、この文を見つめ続けていたのかもしれない。

詩織が、自分の考えを言う前に、まず、この文を読んだのはわけがあった。彼女は、この後、こう続ける。

> 最初？　途中から殺さんようにしたい、でも、村一番になれないっていうので、殺したくないから殺さないですむ言い訳にした。

詩織がここで口を開いたのは、すぐ前の子どもが最後に口にした「そう思い込んどる」という言葉が詩織の心に響いたからだ。その子どもが言った「思い込んどる」とは、「父だと思い込んでいる」ということだ。けれども、詩織は、それとは全く異なる「思い込み」だと思ったのである。詩織は、『こう思うことによって殺さないですんだのだ』という言葉のもつ意味に、ようやく気づいたのだ。だから、彼女は、その文をまず読んでから語ったのだ。

詩織は、「大魚を父だと思ったからとらなかったのかどうか」ということではなく、大魚を「おとう」と呼ぶよりも前、それを「最初」と言い始めて「途中から」と言い換えているが、それより前から「殺せないという思い込み」が生まれ、戦う意思をなくしていたと読んだのだ。彼女が気づいた「思い込み」とはこのことなのだ。だから、「おとう」と呼ぶことは言い訳なのだとまで気づいたにちがいない。

彼女はさっきのような「～ちゃうかなあ」という言い方をしなかった。「言い訳にした」と断言した。それは、詩織の考えが揺れを超えて確信に変わっていることを表していた。

この考えは、ほかの子どもたちの読みに、読み直し、考え直しを迫るものである。当然、子どもたち全員がそれを受けとめるようにしなければならない。一度目の詩織の発言の際も、彼女の言葉を受けとめて立ち止まるべきだったかもしれない。しかし、突発的なあの状況で、そうするべきだと判断することは、前述したようにとても難しいことだった。

けれども、ここならそれが可能だ。詩織の考えがかなり明確になり、それをしっかり語ってくれたからだ。これなら彼女の気づきに沿って子どもたち全員で読み直すことができる。そして、すべての子どもの意識を、詩織の発言の前に出ていた「与吉じいさも瀬の主に入っているのかどうか」という話題から離れ、新たな角度から「泣きそう」になったほどの太一の衝撃に向き合うことができる。

では、このとき、具体的に何をすればよかったのだろうか。

まずすべきことは詩織の言ったことをもう一度聴くことだ。先ほどの発言がしっかり聴けていない子どもがいる可能性があるからである。そうしてから、一人ひとりが本文の言葉、文に触れ直すことだ。それには音読をしなければならない。そもそも、詩織の気づきは本文に密着することから生まれている。文章を読むことは大切だ。何度も何度も文章に立ち返って読んで考える、これは読み味わいの基本なのだ。

ただし、その音読に際し次の二つのことを実行したいと思う。

一つは、大魚を「おとう」と呼ぶよりも前、もっと最初から「殺さんようにしたい」と思っていたという詩織の考えを頭に置いて、そうかどうかと考えながら読むという目的をはっきり示すことだ。そしてもう一つは、物語の最初から読むことは時間的に無理だとしても、太一がもぐり始めたところから音読することだ。そこから読まなければ詩織の言う「最初」「途中から」ということが考えられないからだ。

こうすれば、これまで読み飛ばしていたところ、読み描けていなかったところに目を向け、大魚と太一の出会いのシーンをより鮮明に描きだすことになる。

子どもの考えが同質化し、一つの方向に固まってしまうのはよいことではない。それでは学びが生まれないからだ。読みが深まらないからだ。だれもが気づけなかったことにだれかが気づいた、そのときこそ、学び、つまり読みが深まるチャンスなのだと言える。

ただ、そのチャンスに気づき、さらにここに述べたような具体的な手を打つということは、こうして読んでいただいているとできそうに思えるだろうが、簡単なことではない。すべて瞬間的に起きることだからだ。だから、実際の授業でも、加藤さんは、「詩織が言ってくれたけど、村一番になりたいの？」と言って「村一番の漁師」を焦点化してしまった。そして、その後、かなりの時間をかけて「村一番の漁師」と「本当の一人前の漁師」の比較を、ペアを入れて考えさせることになった。それが「立ち止まり②」に当たるところである。

もちろん、「村一番の漁師」と「本当の一人前の漁師」を比べて考えることが無意味だと言っているのではない。教科書の、本文の後についている「手引き」に、「与吉じいさが太一に向かって言った『村一番の漁師』と、瀬の主を前にして太一が考えていた『一人前の漁師』は、それぞれどのような漁師だと思いますか。『村一番の漁師』と比べて考えてみましょう」と示されているのだから。

けれども、この授業の状況においては、このときにやらなければいけないことはそれではなかった。それほど詩織の気づきがとてつもなく大切なものだったからだ。

この詩織の読みを取り上げることにどれほどの意味があるのか、その時点では判断がつかないかもしれない。けれども、このときの雰囲気には、何かが起こる気配があった。その気配に気づけたら、はっきりしたことがわかっていなくても、詩織の考えをもう一度聴くことはできるだろう。さらに、こういうときにいつも本文を音読するということが習慣になっていたら、音読をさせることもできるだろう。そのとき、少しではあるが教師に「間」ができる。その「間」があれば、詩織の気づきの意味や、それについて考えることの大切さが見えてくるかもしれない。

とにかく、この授業においては、いくら「手引き」に示されているとはいえ「村一番」と「本当」の比較ではなく、詩織の気づきに賭けるべきだった。そうでないと、子どもに読む意欲が生まれないし、子どもによる読みの深まりが生まれてこないからである。

5　詩織の読みから生まれる読みの世界

授業を視聴していてもっともうれしいのは、子どもの素晴らしい読みに出会ったり、子どもと子どものかかわりの深さを目にしたりしたときである。子どもの語る言葉に耳をそばだて、思わず「ほおっ」と言葉を漏らし、しばらくすると、そのことの意味が徐々に感じられてくる、それは私にとってどきどきする時間になる。そして、突然、はたと「そうなんだ！」と気づく。そのときの感激、それは言葉では表現できないほどのものだ。

この授業の私の感激は、もちろん、詩織によってもたらされたものだった。

私に、詩織のような考えが出ることの想定がなかったわけではない。私も彼女と同じように、クエに「おとう」と呼びかけるより前から、太一には「大魚を殺せない」というはっきりした意識が生まれていたと読んでいたからだ。だからこそ太一は「泣きそうに」なったのだ。そして、詩織が指摘しているように「こう思うことによって……瀬の主を殺さないですんだのだ」という書き方は、うたなかったのはクエを父と思ったからだとは読みにくい。ましてや、この言葉を言うときに太一は「えがおを作った」と書かれている。「えがおになった」ではない。「作った」だ。このえがおは自然に出たものではない。

正直に言えば、私は、何年もの間、この作為的とも言える太一の変化を懐疑的に見ていた。しかも、それがこの物語の大きな転換点になっている。さらに、「海のいのち」という象徴的な言葉が目立つこともあまり好きではなかった。その言葉が、腑に落ちない太一の変化とかかわっているかのように子どもに読ませてしまうからだ、「海のいのちだと思ったからうたなかったのだ」というように。そういうことから、私は、何度読んでもこの作品と心を通わせることができなかった。けれども、最近になって、その気持ちに少しばかりの変化が生まれていた。大魚に「おとう」と呼びかけたのは作為的ではないのかもしれないと思うようになったからである。とは言っても、そのことはまだすっきり納得できてはいなかった。

それはさておき、私の中では、子どもたちが「おとう」と呼びかけた太一の言葉に立ち止まることは想定済みだった。ここの部分をもち出さない学級はなかったからである。しかし、本当のことを言うと、私は、そのたびに、困ったことだと頭を抱えていた。大魚を「おとう」と呼ぶことに理屈をつけて読ませなければならないと思ったからである。

けれども、このときは違った。詩織の考えを頭の中で巡らせているうちに、これまで考えていなかったものが突然現れたからだ。それは、私には予期しないことだった。そして興奮した。そうか、そうなんだと。これがあるから、授業を見ることはやめられない。子どもの読みを聴くことから離れられない、そう思った。

私の頭の中に生まれたものはどういうものか、それを知っていただくには、太一と大魚クエのこのときの状況を描き直しておく必要がある。

文章には、不意に夢が実現したとき目にした「海草のゆれる穴のおく」の大魚の姿が描かれている。音読すれば、その巨大な堂々とした大魚が目の前に浮かんでくる。

そして、その大魚に向かう太一の動きも書かれている。だから、その太一の様子が、大魚クエと重ね合わせるように想像できる。

太一と大魚が正対する。

> もう一度もどってきても、瀬の主は全く動こうとはせずに太一を見ていた。おだやかな目だった。

うす暗い深海の底である。静寂さが感じられる。こうして海の底の大魚と太一の状況を描いていくと、いつの間にか自分が大魚に向き合う太一になったかのように思えてくる。そして、大魚クエのあまりもの巨《おお》きさが私の目の前に現れる。自分が追い求めてきたのは、こんなにも巨《おお》きな存在だったのか、太一は震えを覚える。

しかし、太一にそれほどの圧力を感じさせたのは巨《おお》きさだけではなかった。

前掲の文章に書かれているように、瀬の主は全く動こうとはしない。自分にもりを向けている相手に対して、死すら覚悟しなければならない状況であるにもかかわらず、微動だにしない。泰然と、それでいて、その目は、じっと太一を見ている。にらむような目ではない。敵対する目でもない。「おだやかな目」だ。それは、今、自分が置かれている状況をすべて悟り受け入れていることを表している。だから、太一は、「この大魚は自分に殺されたがっている」と感じたのだ。

太一は、圧倒されたのだ。大魚クエに、魚とは思えないほどの崇高なものを感じたのだ。存在そのものがあまりにも大きく、神々しさまで感じたのかもしれない。そう感じたとき、戦う相手ではないと悟ったにちがいない。

もちろん、それは勝つとか負けるとかいうレベルのことではない。存在感に圧倒されたのだから。けれども、自分はずっとこの大魚と出会い倒すことを目標に生きてきた。この魚をとらなければ……と。それは自分の生きてきた自分の意思もこれまでの努力もすべて捨てることになる。太一は葛藤した。どうすればよいのか……と、泣きそうになりながら。

詩織の発言に揺さぶられるまでの私が描いていたのはこういうことだった。

それがなくなったわけではない。詩織の発言を聴いても、これらの想像は、やはり私の頭の中に浮かびあがった。しかし、その想像のさらに向こうにある想像が、突然、姿を現したのだ。

それは、大魚クエの巨《おお》さの前で、苦しみもだえる太一の「小ささ」だった。

クエはあまりにも巨大だった。そしてその存在自体が、崇高さを感じるほどの大きさを見せていた。畏れを感じたかもしれない。それに対して自分自身は、あまりにも小さかった。体の大小だけを言っているのではない。存在の違いなのだ。太一は、同じ世に生きるものとしてのあまりもの違いを実感したのだ。そして圧倒されたのだ。この大魚と戦うことが漁師としての究極の目標だったけれど、その目標と戦うにしては、自分はあまりにも小さな存在でしかなかった、そう気づいたのだ。

加藤さんの学級の子どもが「父を破ったクエとは別のクエだ」と言っていた。それは、あの子どもに、太一が目指していたのは父の敵討ちではなく、漁師としての究極の目標を目指していたのだという、うっすらとした気づきがあったのかもしれない。だとしたら、太一が目指していたのは、もちろんそれが父を倒したクエであればそれに勝ることはないのだけれど、必ずしもあのときのクエと同一でなくてもよかったということになる。とにかく、父を破るほどの存在と対峙する、こう思い続けてようやく実現したのだ。

けれども、究極の目標である目指す相手に戦いを挑むどころか、大魚の存在のとてつもない巨《おおき》さに圧倒されたうえ、自分自身の小ささをいやおうなしに感じさせられてしまったのだ。

本当の一人前の漁師を目指してきた太一にとってこの現実を受けとめることほどつらいことはなかっただろう。これまで言うに言われぬ努力も苦労もして漁師としての力をつけてきたけれど、存在の大きさでは比べようもなかったのだから。勝つか負けるか、殺すか殺されるかということよりも、それは太一にとってどんなにかつらいことだっただろうか。このとき太一の心の中に浮かんでいた「本当の一人前の漁師」は、木っ端みじんに打ち砕かれることとなった。

詩織の読みに沿って味わったとき、私の心の中に浮かんだのはこういうことだった。太一にとってそれは衝撃的なものだったにちがいない。

そう考えると、父を「おとう」と呼ぶところとか、「大魚は海のいのち」だと考えるところは、蛇足のような気がしてくる。もちろん蛇足ではない。太一は本当に「大魚は海のいのちだ」と思ったのだ。しかし、それは、「こう思うことによって、太一は瀬の主を殺さないですんだのだ」と書かれている後に出てくる言葉なのである。つまり、大魚との対峙のすべてを終えたとき、その安堵感の中で、「そうだったのだ。あの神々しいまでものものすごい大魚は、まさに海のいのちなのだ」と、しみじみ感じたということなのだ。対峙して「泣きそうに」なったそのときには、そういうことではなかったのだ。「海のいのち」という言葉は題名にもなっている非常に象徴的なものだけに、子どもはそこと関連づけて読もうとしがちだけれど、安易にそうしないほうがよい。それよりは、向き合う大魚と太一の緊張感あふれる状況を描くことから感じていくことのほうが大切だ。そう気づいたとき、これまで抱いていた「海のいのち」という表現へのこだわりが薄まっていったように思えた。

6　解釈ではなく、読み描きの大切さ

このように加藤さんの授業をもとに考えてみたとき、加藤さんに何が必要だったかが見えてくるとともに、文学の授業で大切にしなければならないものがはっきりしてくる。

文学を読むということは「わかること」を目指すものではない。「文学の世界に身を委ね、味わう」ものなのだ。

言葉の読みには「解釈する」ということがついて回る。私は、文学を読むとき「言葉に触れる」「ことばと出会う」ことは必須だと述べている。文学が「言葉で表現されている芸術作品」だということを考えると、言葉をないがしろにすることはできない。言葉にくっついて行う営みが「解釈」だとすると、それは大切なことだと言える。

しかし、「解釈」という行為が、あの言葉この言葉とさまざまなところを突っつき回し、過度なまでにこだわるものになったら、味わうどころか読むことがいやになる。解釈には解釈で対抗し、解釈の迷路にはまり込むことになる。そして、もっともよくない理屈張った読みに陥ってし

まう。もしかすると若い頃の私もそんな状態だったのかもしれない。恥ずかしいことだ。

　そのような回顧をしていて、私ははっとした。文学の読みについての私自身のことが、「海のいのち」の太一と重なったのだ。

　太一は、大魚の存在に圧倒されたと述べた。けれども、このときの太一が感じたのはそれだけではなかった。本当の一人前の漁師になるのだと、それしか眼中にないが如く一途になっていた太一、まさにギラギラした向上心の塊だったことだろう。そんな太一に比して、大魚は、泰然と、全く動こうとはせず、おだやかな目で太一を見ていた。それはあまりにも太一とは対照的な姿だった。太一は、そのとき、本当に偉大なものの本質を見たのだと思う。本当に巨《おおき》なものの存在とはどういうものなのか、電気に打たれるが如く感じたのだと思う。そして、自分自身の小ささとのあまりもの異なりにうめいたにちがいない。「泣きそうになりながら」の苦しみはそういうことだったのではないだろうか。

　そう考えると、「おそろしくて夜もねむれないよ」と母を悲しませたのは尖ってギラギラしていた太一の姿そのものだったのだと気がつく。そして、そんなふうに悲しんでいた母が、「穏やかで満ち足りた、美しいおばあさんになった」と物語の最後に書かれているのは、クエとの出会いの後の太一から、かつての尖ったものがなくなったことを表しているにちがいない。そこまで読んで、はじめて、「本当の一人前の漁師」を太一がどう考えていたか、そして、大魚との出会い以後どう思うようになったかが見えてくるように思う。

そう考えれば、大魚を「おとう」と呼んだことは、あの場を収める方便として、けれども大魚に敬意を捧げその大魚との戦いから引き下がるうえで、尊敬する父と重ねることがもっとも納得できることだったのだろうと思えてくる。ただ、それは、このときの太一を考える本質でないことだけははっきりしている。

この授業に出会い、詩織の気づきに出会ったことにより、改めて、子どもの読みから学ぶことの大切さと魅力を感じた。

文学を読むとは、やはり「わかろう」とすることでは読めないのだ。言葉に触れて読み描き、描いたものから「感じる」こと、そして感じた世界を「味わう」ことでしか文学の魅力を知ることはできないのだ。直感で気づく子どもの感覚がそれを教えてくれる。私たちは子どもから学ばなければならない。

それにしても、「わかりたい」と思ったとき、必ず忍び寄るものがある。「解釈」からの誘惑だ。このときの行動の意味はどういうことか、このときの人物の心情はどういうものか、というように。そして、いつの間にか、正解を求める誘惑から逃げられなくなる。

加藤さんが立てた「どうして」で始まる課題も、実は、あまりよいものではなかった。「どうして」と問われることで正解探しになってしまうからである。文学の読みは一つの正解を導き出す謎解きではない。むしろ読みの異なりから学び合い、そのことによってどこまでも深めることができるものだ。「どうして」からは、「わかりたい」というよくない虫が起き上がってくるのではないだろうか。

もし、この授業の課題が「このとき、太一に何が起こったのだろう」だったらどうなっていただろう。「何が起こったのか」と考えようとすれば、文章に基づいて起こったことを描かなければならない。そうなれば、間違いなく何度も音読して描く読み方をしたと思われる。

「どうして」という問い方が「わかりたい」という虫を起こしてしまうと前述したけれど、それだけではなく、「読み描く」読み方をも阻んでしまう。それは、文学の味わいから遠ざけることを意味している。


最後に申し添えておきたいことがある。それは、ここに記した、私が詩織の気づきから学んで見つけ出したものは、私の読みなのであり、「読みの正解」ではないということである。だから、こう読むようにひた走る授業をやってほしいということは一切思ってはいない。もちろん、子どもの中からこうしたことに気づく子どもが現れ、一つの読みとして「学び合い」の俎上に載るようなことがあったらうれしい。私が皆さんにお伝えしたかったのは、教師も、子どもの読みに揺さぶられ、学び、自らの読みを新しくすることの大切さなのだ。

どうか、日々子どもたちに向き合っている皆さんも、子どもの読みに心を傾けてほしい。そして、子どもとともに作品を味わい、これはと思うところで子どもとともに立ち止まり、一緒になって考えてほしい。そうすることで、一人ひとりに学ぶ喜び、学び合うよさ、読む素晴らしさを感じさせることができるだろう。

「海のいのち」の主人公・太一の究極の目標は、彼が太刀打ちできないほどの巨《おおき》な存在と出会い戦うことだった。太一にとって、その太刀打ちできないほどの巨《おおき》な存在と出会ったことの意味はとてつもなく大きなものだったと思われる。彼は一生そのことを噛みしめて生きたにちがいない。

私たち教師も、授業者として、どこまでも究極の目標を追って、実践し続ける存在でありたい。その目標はこの大魚のような巨大な存在なのだろう。そして、太一と同じように、その目標は太刀打ちできないほどのもので、どうすることもできなくなるのかもしれない。けれども、それでよいのだと思う。巨大なものになれなくても、出会えば出会うほど自らの小ささを感じることになったとしても、その巨大なものを追いかける、そのことに生きる意味があるのではないだろうか。

自らの小ささを感じている人ほど自らの営みを粛々と自然体で続けているように思う。

私はそういう人に、なんとも言えない親近感と憧れを感じる。

私自身もそのように生きられたらどんなによいだろうか。

子どもの読みから学ぶ魅力

この「海のいのち」の授業は、コロナ禍真っただ中で実施されたものである。授業をした加藤さんは、これまで国語の授業づくりに取り組んできた人ではない。私の知る範囲では、体育科の授業研究をずっと続けてきた教師だ。それが、たまたま、彼が勤務する学校に私が訪問するようになって、彼とのつながりができたのだった。

訪問すれば私はすべての学級の授業を参観する。そしてどの授業に対してもコメントをする。その中には、当然国語科の授業もあり、その授業に対する私のコメントを聴いた加藤さんは、国語の授業を私に見てほしいという思いが湧いてきたのだそうだ。

前述したようにこの授業は、私の学校訪問ができなくなっていたコロナ禍におけるものである。そのため、ビデオ撮影されたものを研究会において視聴させてもらうことになった。投影が始まってまず驚かされたのは子どもたちの落ち着きと学びへの前向きさだった。私の知っているこの学年の子どもたちとは格段に違っていた。いつの間にこういう子どもたちにしたのだろう。私は舌を巻いた。彼の学級経営と授業づくりへの情熱は半端なものではない、そう思った。その加藤さんが、国語の授業を学びたいと切望してくれたのだ。その気持ちに応えなければならない。私は襟を正して映像を見つめた。そうしたら、彼に学んでもらうどころか、私自身が大変な学びをすることとなったのだ。彼に感謝しなければならない。

それにしても、子どもの読みは魅力に満ちている。

私が教師になったのは五六年も前のことだ。私の文学の授業実践は、その初任校から始まった。そして、教育委員会指導主事、学校の管理職になったことで実際に授業ができなくなってから三三年もたつ。けれども、幸せなことに、今もって学校に足を運び、子どもたちの学びに触れることができている。だから、子どもたちが生み出す読みの世界に魅了されたままの五六年間を過ごしてきたことになる。

新美南吉の「手ぶくろを買いに」という物語に、手ぶくろを売ってくれた人間のことを「ちっともおそろしくないや」と子ぎつねがつぶやく場面がある。その場面を読んでいたとき、一人の男の子がいきなり手を挙げて「ちっともおそろしくないやって、一人だけじゃわからないのにな」と言ったのである。突然のことでその子が何を言ったのかわからず、授業をしていた私は言葉を失った。けれども、物語を読み進めていくうちに、この子どもの言ったことが、この物語を読むうえで大きな比重を占めてくることに気づかされたのだった。

宮沢賢治の「なめとこ山のくま」を読んでいたときのことだった。熊を獲ることを生業としている猟師の小十郎が、物語の最後に熊に頭を殴られ命を落とす。それから三日目の晩、山の上に置かれた小十郎の死骸の周りに熊たちが環になってひれふしている。「思いなしかその死んで凍えてしまった小十郎の顔は、まるで生きているときのようにさえざえして、何か笑っているようにさえ見えたのだ。」と作品に書かれている。その小十郎の笑いに対して、「このとき小十郎ははじめて笑った」と言った子どもがいたのだ。私は、このときの衝撃を今もって忘れない。熊を殺さなければ生きてゆけなかった小十郎の苦しみと、死をもってその苦しみから解放された安堵感、私は、たった一〇歳の子どもに、そのことの重みを教えられた気がしたのだった。

こうして思い返してみると、私たちよりずっと、作品の世界を自分の内に取り込んで、その中で丸ごと生きている子どもがいるのだとわかる。だから、作品を見る目線が、外からではなく内からなのだと思う。それが、解釈的にならない所以なのだろう。

もちろん、目線は内からと言っても、文章に即さない身勝手なものだったらいけない。けれども、私たち教師が、常に文章に戻すことを心がけていれば、子どもの読みは、作品に密着したものになる。そういう教師の授業における子どもの読みは心を打つのだ。

文学の読みは、子どもたちがそうであるように、作品が私たち一人ひとりの中で生きることによって、味わい深いものになるのだ。それが、私が子どもから学んだ最大のものなのかもしれない。

第Ⅲ部

「文学の授業」への祈りと「学び合う学び」

一　「学び合う学び」の進展は対話力の育ちから

私が、「学び合う授業」ではなく「学び合う学び」という用語で、子どもが聴き合って探究する学びを言い表すようになったのは、二〇〇三年頃のことである。

二〇〇六年に刊行した『ことばを味わい読みをひらく授業――子どもと教師の「学び合う学び」』(明石書店)に、「学び合う学び」について、次のように記している。

「学び」は、一つだけの考え、同質のものの繰り返しでは深まらない。「学び」は、多様な考えの交流と未知のものへの探究によって、ある種の感動を伴ってすがたを現す。そのような学びを実現するのが、互いの考えを出し合い、聴き合い、考え合う「学び合う授業」である。それは、子どもの側から言えば「学び合う学び」と言うことができる。

「学び合う学び」は、すべての子どもの、疑問も、わからなさも、気づきも同じように尊重し、それを受けとめ合う中から、互いのつながりの中で学びを生み出していく学びである。子どもの考えと考えがつながり合い、新たな気づきや発見が生まれる学びは、教師から一方的に教えられる学習では得られない学ぶおもしろさを生み出す。そして、こうした学びの繰り返しの中で、子どもたちは他者とつながる喜びと意味を体感していく。

二〇二〇年四月、小学校において新しい学習指導要領が全面実施になり、そこに盛り込まれた「主体的・対話的で深い学び」への授業改善が始動した（中学校は二〇二一年度）。その改善策は当初「アクティブ・ラーニング」という名称で登場したのだが、その内容を知ったとき、それはこれまで取り組んできた「学び合う学び」と趣旨を一にしていると感じ、なんとも言えない喜びを感じた。これで、一斉指導型に偏った日本の教育が変わる、そう思ったからである。

その「主体的・対話的で深い学び」の出現によって、二〇二〇年度から、どの教科の授業も、子どもが取り組む学びに方向を変えることになり、「文学の授業」も「学び合う学び」の実践として、全国各地で始まる、はずだった。ところが、年度が始まる三か月ほど前から、新型コロナウイルス感染症が広がり始めた。その感染力は強く、またたく間に拡散した。そして、政府の方針で、二〇二〇年度が始まる四月にすべての学校が休校になり、それは二か月も続くこととなった。しかも、この感染症の広がりはそれだけで終わらず、第二波を経て、一二月になって急拡大した第三波が全国、いや世界中を襲い、さらに間を置くことなく第四波、第五波を引き起こした。それらの感染拡大は、休校になった四月とは比べものにならない広がりを見せた。そんな中、学校は、厳重な感染症対策を施しながら教育活動を続けたのだった。

その間、教師たちは、大変な重責を、体力的にも精神的にも担ってきた。子どもたちを感染させないために、それでいて子どもの学びを保障するために、やらなければいけないこと、気をつけなければいけないことは山ほどあった。もちろん、教師自身も感染者にならないようにしなければならず、そのことにもかなりの注意を払わなければならなかった。

この状況で、授業改善に精力をつぎ込むことは至難であった。それまで、「学び合う学び」としての授業づくりに取り組む教師たちを支えるために多くの学校を訪問していた私も、訪問が激減した。教師たちは、思うように授業ができない状況に陥り、授業研究への思いのもって行き所を失ってしまったのだった。こうして、二〇二〇年度は、コロナウイルス感染症のため、「主体的・対話的で深い学び」に本格的に取り組むことはできなかったと言える。

しかし、コロナ禍の影響は、そういうことだけでは済まなかった。子どもの心に影響が表れてきたのだ。子ども同士のかかわりが制限され、子どもにとって楽しみな行事が中止や縮小を余儀なくされ、常に何かに閉じ込められる雰囲気の生活が、終わりの見えない状況で続いたからだ。学習に不安のある子どもにとっては、机を前向きにされたままの一斉指導型授業で生まれる孤立的状況ほどつらいものはなく、学習意欲が減退する傾向に陥った。こうして、不安感、孤立感、閉塞感を抱く子どもが増えてきたと聞く。教師は、そんな子どもの心のケアにも努めなければならなかった。

コロナ禍は、とてつもない困難を社会にも学校にももたらし、人と人とのつながりの危機を招いた。しかし、そうした危機ゆえに、「人と人との絆」への思いがかえって強く深くなってきているという実感もある。これまで当たり前のようにできていたことが、どれだけ幸せなことであったかという思いが多くの人に生まれたからである。そして、それは、人とのつながりを求める心を増幅させた。今は、その思いを眠らせてはいる、あるいは思いとどまらせている。けれども、眠っているうちに、思いとどめているうちに、つながりへの思いはさらに大きなもの、強いものになっていくのではないか、そう思う。

その人々の願いは、コロナ禍が鎮静化傾向に転じれば、一気に人間的なつながり回復への動きを爆発させるのにちがいない、私たちは、今は無理をせず、そのときを待つことだ、そう言い聞かせればよい、そう思う。

その時期はそんなに遠くない時期に到来するだろう。教師たちには、そのときを待ってほしい。そして、「学び合う学び」それは「主体的・対話的で深い学び」だが、その取組への思いを維持しておいてほしい、いつでも加速できる状態で。その船の中心に、「文学の授業」があったらどんなにいいだろう、今、私はそんな思いを抱いている。

1　「学び合う学び」の二本柱

「学び合う学び」には、その成立と深まりを決定づける二本の柱がある。

一つ目の柱は、「質の高い題材」、つまり、テキストと課題である。それが子どもの元に届けられなかったら、どんなに方策を練っても、どんなに子どもをその気にさせても、「学び合う学び」が実現することはない。

「主体的」とか、「子どもの考えから出発する」とかいうと、教えることを控え、子どもに考えさせるのだから、子どもに任せればよいと安易に考える人がいるが、それは間違っている。

まず、子どもが取り組む「題材」に、質の高い、内容のある、それでいてその学年の子どもに適切なものを取り上げなければ子どもは主体性を発揮できない。そのため、教師には、かなりの深さの見識と知識・教養が要求される。

教科書を使って行う授業であってもそれは同様だ。教科書の教材だからというだけで、たいした教材研究もしないまま授業をするようなことがあったら、それで、学びに自ら取り組むように仕向けることも、学びの過程で生まれるさまざまな事実に対応することもできるはずがない。

本書の第Ⅱ部に掲載した二つの授業で、子どもたちが読んでいる文学作品は、ともに教科書教材である。第Ⅱ部を読んでいただいた皆さんには、私が申し上げていることがわかっていただけるのではないかと思う。

授業をした二人の教師はかなりの教材研究をしていた。それがなければあれほどの子どもの読みは生まれてこない。それでも、教師の想定を超えた読みを出してくる子どもがいるのだ。二人の教師は子どもの読みに出会うことで自らの読みを授業前よりも深めているが、それは授業を参観していた私も同じだったことは記述したとおりである。それは、題材・テキストに対する教師の見識は、授業前はもちろん、授業をしているそのときも磨き続けていくものでなければならないということを示している。

私は、子どもが自らの思考と判断を重ねて、仲間とともに取り組む「学び合う学び」が行えるようにするには、教師にかなりの力量が必要なのだと思っている。学習指導要領にうたわれている「主体的・対話的で深い学び」の「主体的な学び」は、豊かで大きな存在になろうと努める教師がいなければできないのだ。

どのような方法で行おうと、授業を行うのは教師である。人間が人間を対象として行う仕事はたくさんあるけれど、教師の仕事は、授業をしているそのときだけのことではなく、そこで行っていることは、子どもたちの将来につながるものだ。だから、かなりの責任がかかっていると考えなければならない。もちろん、教師も一人の人間なのであり、当然、だれもが不十分さを有している。しかし、そうだからこそ、研鑽と研究を積んで、子どもの前に立たなければならない。教師がどんな人間として、どのような心構えを有して、子どもたちに対してどのような願いを宿して向き合うか、そのありようによって、学びの事実は異なるのだ。「学び合う学び」の実現に欠かせないのは、そのことに対する教師の覚悟なのだと思う。

そうした覚悟を抱いて、明確な意思のもとに授業に立ち向かったときに生まれる、きらめくような子どもの表情、しびれるほどの考えや作品に出会える喜びはたとえようのないものになる。そのとき教師は、教職という職業を選んでよかったとしみじみ感じるだろう。そして、その喜びがあるから、どれだけ多忙であっても神経を擦り減らすことがあっても、意欲をなくすことなく子どもたちに向かってゆけるのだ。

しかし、そうした教職に対する充実感をつくるのは、覚悟と研鑽と、それにのっとった教師の専門性を磨く経験の蓄積だということを忘れてはならない。

そのもっとも土台の部分にあるのが、教師が準備する題材やテキストの魅力である。それがなければ、学びという建物は建たないのだ。どんな題材・課題・テキストをどのように子どもたちの前に提示できるか、それが「学び合う学び」の質の半分近くを左右しているのだ、その自覚のあるなしが授業の質を決定する。

2　「学び合う学び」と対話力

「学び合う学び」の二つ目の柱は「対話力」である。

子ども相互の学び合いによって学びを生み出し深めるのが「学び合う学び」だから、そのときの中心的行為は、当然「対話」である。しかし、一言で「対話」と言っても、それはただ話をするだけでよいのかというと、そうではない。「学び合う学び」と言うと、グループにして話し合わせるだけでできていると思ってしまう傾向があるけれど、そんな安易なものではない。問題は、子どもたちがどういう質の対話をしているかだ。だから、二つ目の柱として「対話力」を掲げたのである。

さて、その「対話力」だが、その中には、いくつもの大切な要素が存在している。それを知ってもらえれば、私の描く「対話のあり方」について理解していただけるのではないかと思う。ただ、このことについてはこれまで著したいくつかの書において述べてきたことなので、詳述は避け、要点だけ列記することにする。

- 「学び合う学び」は、話し合いではなく聴き合いである。お互いの考えを尊重しながら聴き合うことによって考えの深まりが生まれる。それが「対話」である。
- もちろん「対話」は人と人との言葉の行き交いだけでなく、それと同時に、題材やテキストとの対話も行っているし、その二つの対話を通じて自分自身とも対話している。それら三つの対話が同時に進行することによって学びが深まる。
- 「対話」は、異なる考えを排除せず、尊重する。わからなさや間違いも温かく受けとめ合う。つまり対話に優劣や上下的意識を持ち込まず、対話者は対等であるべきである。
- 異なる考えを尊重するとは言っても、考えを羅列させるだけでは「対話」にはならない。考えと考えを「擦り合わせる」、「つなぐ」、そういう言葉の往還によって、一人ひとりが、他者の考えを尊重しながら自らの考えを深める、それが「対話的学び」である。その「一人ひとりの学びを深める」ために各人が行わなければいけないのが「自分自身との対話」なのだ。

●「対話」は互恵的学びを生み出す。さまざまな状況のさまざまな考えを突き合わせ、真摯にしかし柔軟に、ともによりよい学びを目指して向かい合って行うのが「対話」である。そのとき、その言葉の往来によって、対話に参加した各人にこれまでにはない気づきや感慨や喜びをもたらすことがある。それが互恵的学びであり、もっとも理想的な「対話」だと言える。

このような対話ができる「対話力」は、何の指導をしなくても普通に身につくものではない。世の中には、ここに記したことと相反する言葉のやりとりが横行しているし、このようにしたいと思っていても、素直にできない雰囲気も少なからず存在している。子どもたちが間違った価値観に縛られているということもある。

ということは、前述したような対話ができるように、教師が指導しなければならないということになる。ただ、私は、指導するというより「育てる」と言ったほうが適切だと思っている。本来の「指導」という言葉はそうではないのだろうが、指導という言葉には無理にでも教師の考える枠にはめる、規制する、躾ける、そういうイメージがつきまとうからである。「対話力」を、そういう身のつけ方にしてはならない。言葉を交わし合うことの大事さが感じられるよう、そうすることの必要性が実感できるよう、そうすることの値打ちが心に落ちるよう、そういう対話をすることでよい学びができるのだと感じられるように子どものものにしていきたいと思う。

それには、時間がかかる。いや、ある程度時間をかけなければそうはならない。そして、教師もまた、自らの言葉のありようを見つめ、子どもとどう「対話」することがよいのかと実践していくことが大切である。だから、指導ではなく「育てる」という言い表し方になるのだ。それは、教師が子どもの「対話力」を「育てる」ことになるとともに、子ども自身も自らの「対話力」を「育てる」ことになるのではないだろうか。

「学び合う学び」を深めるには、その「対話力」が必要である。「学び合う」という言葉が示すように、相互に交わし合う言葉によって学びを深めるのが「学び合う学び」なのだから、そこでもっとも大切なものが「対話力」であることに疑いようはない。

しかし、「学び合う学び」は「対話力」が身についてからでないと始められないというわけではない。そもそも前述したような「対話力」が完全に身につくなどということはないからだ。人が自分の望む姿に向かって歩み続ける、それが生きるということだが、重要なことほど、完成などということはありえない。ということは、「対話力」が身についてからなどと言っていたら永久に「学び合う学び」は始められないことになる。

「学び合う学び」に「対話力」は欠かせない。しかし、一朝一夕には質のよい対話にはならない。それなら、「対話力」がどの程度の状態であっても「学び合う学び」を始めればよいのだ。そして、実践する中で、「対話力」を磨いてゆけばよいのだ。そうすれば、「学び合う学び」によるる授業を行うたびに、子どもたちの「対話力」は少しずつはぐくまれていく。そして、そのように「対話力」の高まりが生まれれば、「学び合う学び」がどんどんよいものになっていく。つまり、「学び合う学び」と「対話力」は往還し合っているのだ。

そうなると皆さんの関心は、その「対話力」はどのように育てればよいのかということになるのではないだろうか。第Ⅰ部や第Ⅱ部の授業を読まれて、そこで生まれている子どもの対話に心打たれた方たちは、きっとそのように思われるにちがいない。どうしたらこのような「対話力」がつき、このような「学び合う学び」ができるようになるのかと。しかし、教育の世界にマニュアルはない。子どもは一人ひとりみんな違う存在だし、教師にも個性がある。人間が人間を対象として行う行為は、そこで相まみえる人間同士の関係の中で生まれる創造的なものになる。だから、皆さんに方法的なものを求められても、安易にそれにはお応えできない。

ただ、授業をした教師がどのように「対話力」を育ててきて、本書の授業に至ったかという実践の事実はある。そうした事実は、本書では記載していないが、知ろうとすれば知ることができるかもしれない。もちろんそれはマニュアルではないのだから、そのまま自分の学級でやってみればそのようにできるというものではない。けれども、心打たれる授業や実践に出会って、その授業から学ぶことはよいことである。学んで、そこから自分のものをつくり出していけばよいのだから。

新学習指導要領全面実施によって「主体的・対話的で深い学び」への授業改善が進められているこの時期、「対話力」育成のあり方を求める声は大きくなるのではないかと思われる。皆さんのニーズがあれば、「対話力」を育てた具体的な事例を、マニュアルではなく学んでいただく材料としてお伝えすることは悪いことではないかもしれない。これまで多くの教師による実践によって、いくつもの優れた取組が生まれてきているからである。ただ、マニュアル化しない伝え方ができるかどうか、皆さん自身の「対話力」育成につながるものにできるかどうか、熟慮してみなければならないと思っている。

3　ICT化と「対話力」

最後にどうしても触れておかなければいけないのが、ICT化と「対話力」との関係についてである。

「はじめに」で触れたように、コロナ禍により、オンライン授業が脚光を浴び、GIGAスクール構想が前倒しで実施されることになった。本書をお読みいただいている頃には、ほとんどの都道府県において、一人一台端末が実現しているだろう。

しかしこれは、コロナ禍への対策ではない。そもそも第四次産業革命到来による教育のＩＣＴ化として進められていたことなのだ。世界中で進められているＩｏＴ（すべてのモノをつなぐインターネット）やＡＩ（人工知能）、ビッグデータに代表される改革なのである。だから、コロナ禍対策と考えるのではなく、これからの時代に目を向けて考えなければならない。

ＩＣＴは、今後、急速に人々の生活にも産業にも大きく食い込んでくる。それは、人間社会の進歩なのであり、私たちはそれを受け入れて、よりよい社会にするために活用していかなければならない。ただ、そのときに忘れてはならないことがある。それは、変化への対応をし、その変化を私たちにとってよりよいものにする努力をするとともに、人間として大切なものを失わないようにすることだ。その一つが、「対話力」なのではないだろうか。

コロナ禍において、私もはじめてＺＯＯＭやＴｅａｍｓによるオンライン会議を経験した。ステイホームを余儀なくされ、人と会うことができない中、オンライン会議は人とつながれた安堵感のようなものをもたらしてくれたし、オンラインで伝え合うことができることによって、頓挫させないで済んだことが多々あった。

しかし、コロナ禍の状態が長く続くと、あのときの安堵感はいっときのものだったということに気づくこととなった。そして、このままオンラインによるやりとりが中心になるのはよいことではないという確信のようなものが生まれた。それは、オンラインで交わす「対話」には、直接対面において感じることのできる人間的な機微というか味わいというか深みというか、そういった大切なものが希薄になる、極端な場合にはなくなる、そう感じたからである。

コロナ後の時代、私たちの対話のかなりの部分がオンライン的なものに変わっていく可能性がある。オンライン対話ならまだ互いに通い合うものを感じるが、ＩｏＴやＡＩによる人工的な言葉に置き換わってしまうと、それは対話ではなくなる。そうなれば、生身の人間のかかわりとつながりが減少していくことになる。これは由々しきことなのではないだろうか。その前兆を、オンライン授業やオンライン会議に感じるのだ。

そういうことが危惧される時代にこれから入っていくわけである。そのとき、学校はどうなるのだろうか。一人一台端末配備は序の口である。これは、二一世紀の教育への入口に過ぎないのだ。

今、私が断言できることは、直接的な「対話」を大切にしなければならないということである。

特に心配なのは、社会生活における直接対話の減少である。対話の減少は、人々の対人関係を希薄にしたり壊したりするだけでなく、心の風景を狭め孤独化させてしまうおそれがある。いちばん恐れるのは、人々の思考が狭まり、孤立感の渦巻く殺伐とした世の中になることである。それは考え過ぎだと言われるかもしれないけれど、対話がなくなるということはそれほど危険なことだと考えるべきだ。対話が人々の心を潤すとともに、対話で生まれるつながりによって、人間社会は安定を保ち、よりよいものにしていくことができるのだから。

私たちは、対話が交わされる社会にしなければならない。対話の機会を減らすことも、対話の質を落とすこともさせてはならない。それほど私たちにとって対話は大切なのだ。

そう考えたとき、学校教育の大切さを思う。これからの時代を背負っていく今の子どもたちが、対話を大切にする心をもち、対話する喜びもマナーもしっかり学びとることができたら、それは必ず将来の社会で生きるはずだ。そうなるために、学校教育における対話、特に対面する直接対話が大切になるのではないかと考えている。

誤解のないように言っておくが、通信機器を通したものは必要がないというようなことを言っているのではない。これからの時代、そういった面が著しく進歩するだけに、そのことによって直接対話を細らせてはならないと言っているのだ。ある程度量的に少なくなることはやむを得ないのだとしたら、直接対話の質をよいものにしていかなければならない。子どもたちが集う学校ならなおさらである。そうすることによって、対面して伝え合うことの味わいと喜びを感じさせ、当たり前のように対話で伝え合う感覚を養いたい。

子どもの時期に何を体験するかが未来につながる。子どもたちには、直接出会い、ともに遊び、ともに学び、直接対話することのよさをたっぷりと味わわせたい。本書に登場する子どもたちを見ていて強く感じたのは、彼らは言葉だけで対話していないということだ。手の動き、体の動き、そのときの手や体の温もり、そういう直接でないと味わえないものによって、互いのつながりを強め深めている。それは人間である限り失ってはならないものだ。

そこで大切になるのが、端末を活用する授業、デジタル教材を活用する授業、そして、離れた場所をつなぐオンライン授業をどのように学校教育の中に取り入れていくかだ、もちろん、内容によっては取り入れないことも含めて。本書が出る頃、その取組の火ぶたは切られている。一つひとつのケースに対する判断が、今後、極めて重要になるにちがいない。

そういうことから、これからの学校教育におけるICT化に対して、どのような設計を立てるか、そして、どのような授業づくりを開始するか、それはとても重要なことになる。どうか、あくまでも直接対面による学びを中心にして、それを補完し、直接対面ではできない場面での活用を端末機器で行い、ICTと直接対面との往還を有効で意味のあるものとする実践を進めていってもらいたい。間違っても、機器に支配されるような授業にはしないでもらいたい。新学習指導要領の「主体的・対話的で深い学び」が実現するためのICT化になるよう、私から言えば「学び合う学び」の深まりと進展に寄与するICT化になるよう、次の時代に向かっていってもらいたい、そう願っている。

二　「文学の授業」への祈り

1　本離れと読解力低下

本離れが加速している。中でも、子どもも大人も、文学 literature 離れがかなり進んでいるのではないだろうか。そのことによる言語文化の衰退、言語感覚の劣悪化が人と人とのつながりの危機につながっているように感じる。

「日本の子どもの読解力低下」がニュースの見出しになったのは二〇一八年のことだった。それは、経済開発協力機構（ＯＥＣＤ）が世界七九の国及び地域の一五歳を対象として行った国際学習到達度調査（ＰＩＳＡ）において、日本の子どもの読解力が、前回の八位から一五位に下がったというものだった。前々回が四位だったことから考えれば、この結果は衝撃的で、それ以降、日本の教育において「読解力向上」が合言葉のようになったのだった。

その原因の一つとして挙げられたのは、それ以前から話題になっていた本離れである。確かに、子どもや青年層の本離れの進行は早く、そのことが問題視されるのは必然だと言えた。

しかし、ＰＩＳＡが出題した問題が明らかになると、二つのことが指摘されるようになった。一つは、ＰＩＳＡの言う「読解力」とは、単なる文章読解の技能ではないということである。表やグラフの読み取りなども含むテキストを、日常生活の中で活用する視点に立って、理解・利用・熟考する、非常に複合的な能力なのである。もう一つは、ＩＣＴ化における読解が視野に入ってきているということである。

そうした流れの中で、国語教育の中における文学の読みに対する比重が、かなり減ってきたように感じられる。文学の読み方を学んでも、ＰＩＳＡの「読解力」にはあまりつながらないと考えられるようになってきたからである。

日本の国語教育においては、どちらかと言うと、文学の読みはほかの文章の読みよりも厚く実践されてきた。そもそも書くことの指導よりも読むことの指導に比重がかかっているのが国語教育だったから、そのことから言っても、国語教育における文学の授業への偏りは顕著だったと言ってよい。ところが、「読解力」低下という事態が起きたことにより、文学教育への熱は以前ほどのものではなくなったように思われる。

そのような経緯を考えながら、私が思ったのは、今回のＰＩＳＡの結果のような出来事に対して短絡的に、あるいは性急に考えないほうがよいということだった。「読む」ということをあまり学力という窓から眺め過ぎないほうがよいということもあるし、子どもの文学離れを絶望的に考えないほうがよいとも思ったからである。

確かに、文学も文章でかたちづくられているのだから、そこには、どの言葉や文がどういう意図で書かれているか、またはどのような表現方法で書かれているか、それを理解するといった学力的な面も存在していると言える。しかし、文学は、言語に対する学力という面だけで見ることはできない。それは文学を読むときの子どもたちの様子を思い浮かべればわかる。子どもたちは、読みながら、笑い、考え込み、涙ぐみ、しゃべりだしたりする。読み終わったときの「ああ、面白かった！」という声を何度耳にしたことか。そういう子どもたちを見ていると、学力的な見方も大切だろうけれど、学力とは異なる意味で、子どもにとって文学が必要なのだと思う。それは、大人であっても同じことなのだ。

2　子どもの読みの魅力

「文学」は、文字・言葉・文を並べてというか、組み合わせてというか、そういう手立てをとることによって一つの作品として創り出されたものである。ということは、その言葉の連なりから何を受け取るかが重要になり、そこには当然学力的な面が存在する。

本書に収録した「おにたのぼうし」の授業で、三人の子どもが、その言葉の連なりである物語から感じたことを語り合っているが、そのうちの一人は外国とつながる子どもだった。彼らの在籍する津市立敬和小学校は、三重県下でもっとも外国とつながる子どもの比率の高い学校である。

年度によって多少の変動はあるが、常に全校児童の五〇パーセント以上なのだ。敬和小には、市から日本語指導の非常勤教員が派遣されていて、それらの子どもの日本語指導に当たっている。私は、年に数度当校を訪問するが、そのたびに、日本語教室も参観している。そこで目にするのは、文字一つひとつが読めるという段階から、単語認識、文認識と広がり、それが文章としての読みにまで至る過程である。それは実に興味深いものだ。単語認識までは時間と労力をかければ比較的早く理解が進むのだが、文や文章となるとかなり手こずっている。文の組み立て方が彼らの母国語と違うということもあるが、文化・習慣の違い等もかなりの障害になるからである。

そういう様子を見ていると、文学を味わうにも、言葉に対する力が不可欠なのだと思い知る。だから、敬和小では、外国とつながる子どもが、ほかの子どもたちと席を並べて文学を味わうに際し、事前に、その作品について、日本語教室で支援教師の支えを得て学ぶ時間を設けている。それは、作品の味わいに関することというより、言葉の壁を低くし、そこに描かれている世界に入れるようにする下準備のようなものである。

ただ、そこで忘れていけないことは、文字が読めるようになり、言葉として理解することもでき、文としてとらえることができるようになっても、それが文学の味わいになるかどうかはそのままイコールではないということである。そのとき、文章として示されているものから、何かを描きだし、その何かに自分の心を傾け、そこから自分の感情と切り結ぶということができない限り、文学は文学として読まれることにはならないからである。

「おにたのぼうし」の授業における「スミレ」という子どもが、日本語の壁を越えて、あれだけの思いを抱いて、作中のおにの子どもおにたと、貧しい一人の女の子のことを考え続けたということは、文学を読む魅力が、言葉の学力という面以上に大切な要素であるということを表しているのだと言える。

文学・詩を、単なる言葉の連なりではなく、人間性あふれる作品として読むということについては、本書の「おにたのぼうし」の次に収録した「自分の感受性くらい」という詩を読んだ中学生の鑑賞文によく表れている。

一人の子どもが次のようなことを書いていた。

　この詩は、自分の仲間やら自分に対して言われている言葉だと思って、人間関係も生活も何もかもうまくいかず、現実逃避している自分。そんな自分に対して、「しゃりっと前を向いて歩け」「現実と向き合え」というような、厳しいけど自分のことを想ってくれてるからこそ、背中を押すようなことを言ってくれているのだと思った。

　暗い部屋で一人閉じこもって、下を向いてうつむいている中に、ひとすじの光がさし、救ってくれるようなイメージだと思った。

この詩を書いた茨木のり子氏は、『詩のこころを読む』（岩波ジュニア新書）において、「いい詩には、ひとの心を解き放ってくれる力があります。いい詩はまた、生きとし生けるものへの、いとおしみの感情をやさしく誘いだしてもくれます」と記している。

その詩人の詩を読んだ子どもたちが、詩人の言うとおり、自らの心が解き放たれたかのように自分自身を見つめ、率直に文章にしているのを読むと、まさに、文学・詩を読むということはそういうことなのだと納得する。

同じようなことは、私が行った授業でも何度となく起きている。たとえば、私が中学校の校長をしていた頃、二年生の教室で一時間だけの授業をしたことがあり、そのとき子どもたちが書いた文章の中に衝撃的とも思えるものが何枚も見つかったのだ。

私がテキストにしたのは、中学生が「へえーっ」と思わず微笑んだ絵本『おさるはおさる』（いとうひろし）。みんなと同じように行動し暮らしていたおさるが、ある日かにに耳を挟まれて、そのままかにが耳から離れない。そのおさるは、自分だけが「かにみみざる」になったような気持ちになり、ひとりだけ仲間と違うのはいやだという気持ちになる、そういう物語である。

そこに、三ページにわたって、おさるの後ろ姿が次第に小さくなるように描かれている。そしてその絵に、「やっぱり、ぼくひとりだけです。」「ぼくひとり。」「……」という文字が一ページずつ添えられているのだ。次ページの図はその二ページ目のものである。

それが、思春期真っただ中の子どもの心に深く突き刺さったのだった。

あんまりにもおさると私が重なるもんだから、涙をこらえるのに一生懸命だった。

私は、人より一つ違う点があると、すごく不安になる。ひとりぼっちにされて自分がとりのこされているようで……。すごくこわくなる。私は今の私は本当の私じゃないかもしれない。人にとりのこされるのがこわくて、人に合わせて、本当の自分を出しきれていないのかもしれない。そんな気がする。ありのままの私で好んでくれる人はいるのか。すごく不安になる。けど、やっぱり人に合わせるだけではいけないのかもしれない。時によっては人に合わせないときもある。けど、やっぱりありのままの自分でいたいな。

文学を読むという行為は、子どもにとって、いえ、子どもだけではなく、人間にとって、なくてはならないものなのではないだろうか。こういう子どもの言葉に触れると、その思いはますます強くなる。

私が出会った事実は、これだけに留まらない。私が、まだ一〇歳前後の子どもから学ぶということを述べるようになったのは、こうした事実に何度となく出会ったからである。

子どもの読みの世界は、とてつもない魅力に満ちている。私は、子どもたちの前に作品をもち込み、そっとその扉を開ける、そして、子どもとともに扉の向こうに入り、そこに連なっている言葉に丁寧に触れるように促す。文字や言葉について学んでおくとか、何度も音読をするとかはこの時点で一人ひとりに応じて行っておく。そして、読み味わいに入ったらひたすら子どもの読みに耳を傾け、その子どもの読みからさらに作品の世界に迫っていく、もちろん私自身も扉の向こうの世界を味わいながら。そうすることで、子どもたちは、仲間と対話しながら、読みを学び合って、それぞれが自分自身の読みをつくり出していくことができる。

そうして生み出される子どもたちの読みが、ときに、教師を驚かせるほどのかがやきを放つことがある。それが、「お手紙」の授業の淳史の読みであり、「おにたのぼうし」の三人の子どもの読みであり、「自分の感受性くらい」の鑑賞文である。そして、そうした子どもの読みで教師の新たな読みがひらかれることがある。それが「ずうっと、ずっと、大すきだよ」の「あおい」の読みであり、「海のいのち」の詩織の読みである。

文学の授業に取り組む教師として、こうした子どもたちの読みの世界に魅力を感じられるかどうか、魅力があふれ出すのを心待ちにできるかどうか、そこに授業づくりの鍵が存在している。教師たちに必要なのはそういう授業観なのだと思っている。

3　今こそ、文学が必要なとき

文学・詩は、何かを説明する文章や実用的な文とは異なる。

文学は、そこに人の生き方がある、人生がある。それはフィクションではあるけれど、読み手にとっては、実際の事実以上のリアリティをもつことがある。

だから、文学を読むということは、さまざまな人に出会い、さまざまな世界を味わい、さまざまな人生を感じることになる。そうして、読み手の子どもは、作品の世界が絵空事ではなく、自分自身の出来事になっていく。

私は、文学の読みで大切なのは「読み描きだ」と述べている。それは、具体的に作品の世界を描きだしたいからだ。そうしなければ、子どもがその世界で生きられないからだ。

もちろん、常に作品の世界にいるのではなく、作品の外から見つめるという読み方があってもよい。いや、そういう読み方も必要だ。そうだとしても、「読み描き」は欠くことができない。外から見つめるのであれば、外から見えるように読めなければいけないからだ。

そのように文学や詩を読んだ子どもたちは、そのとき、得難い人間的な経験をしていることになる。さまざまな状況、場面における、作中人物の言動に出会い、その人物の様子を見るだけでなく、そこにあふれる感情や人と人との機微に触れることになる。そして、時にはしんみりした思いに浸り、ときにはともに喜びを爆発させたり、それとは逆に強い憤りを感じたりする。そういう経験の一つひとつは、すべて人間的なものばかりだ。つまり、人としての育ちに、文学・詩は大きなかかわりをもっていると言える。

私が本書の最後に、「文学の授業」への祈りとして書き記したかったことは、子どもたちを人間性豊かな人として世に送り出したいということである。それには、学校における文学の授業が、「文学の味わいの場」になっていなければならない。それが、これからの時代を生きる子どもたちの人間性のためにしてやれる大切なことだと思うからである。諭すことよりも、教えることよりも、叱ることよりも、ある意味、文学・詩にじっくり浸ることのほうが大切なのではないだろうか。

コロナ禍は、人々の直接的な「対話」を脆弱にした。それは、単に言葉の行き交いが難しくなった、少なくなったということで済むことではなく、人と人とのかかわりやつながりを危機に陥れたということだ。

対話への危機感はコロナ禍だけのことではないということは前述した。ＩＣＴ化が進む近未来には、直接対面という関係性が薄くなることが予想されるからだ。

そういうことを考えると、これからの時代は他者とともに生きることがますます難しくなっていくような気がしてならない。

コロナ禍で露見した、顔の見えないＳＮＳによる誹謗中傷、浴びせかけられる攻撃的、排他的な醜い言葉の数々、いったい、他者とともに生きるという共生的な思い、慈しみの心はどこへ行ったのだろう。何か、目にするもの、耳にすることが、とげとげしている、そんな感じがしてならない。

それだけに、今こそ、人間的なものと出会うことを忘れてはならない。ＩＣＴ化もいい。ＡＩで助かることも多々あるにちがいない。世の中はどんどん便利になる。グローバル化もするだろう。けれども、その一方で、生身の人間同士のつながり、直接対話、ともに汗をかく共同作業、そういったあらゆる人間的つながりを欠かしてはならない。むしろ、今以上に大事にしなければならない。二一世紀とはそういう時代にならなければいけないのではないだろうか。

人は決して一人では生きてゆけない。人は一人ずつが小さな存在だ。どれだけ著名になった人でも、一人は一人だと言える。私は、その一人の小ささ、はかなさを知っている人ほど、多くの人から見て大きな存在であるように思う。

一人ひとりの温かさ、やさしさ、慈しみの心が届き合う世の中であってほしい、つながり合うことへの憧れが多くの人の心にあふれる世の中であってほしい。

行き違いや考え方の違いに耳を傾け合う世の中であってほしい。

こんな夢のようなことをどれだけ並べても何も実現しないことは百も承知だ。しかし、願いがなければ何事も生まれないのも事実だ。

願いに向けて、何ができるのかと考えたとき、浮かびあがるのは「文学」だ。子どもたちの心になにがしかのものが届くものと言えば、やはり「文学」を措いてない。そのことは、本書に収めた子どもたちの読みの数々が実証しているのではないだろうか。「文学」の読みを大切にすることから、子どもたちにこんなにも人間味あふれる読みが生まれてくるのだから。

このような授業がどこの学校ででも行われれば、子どもたちの心に、豊かな人間性が宿っていくだろう。そこに、未来への希望が感じられる。そうなっていくこと、それが私の「文学の授業」に対する祈りなのだ。

そこまで述べてきて、はっと気づいたことがある。それは、「学び合う授業」の取組を始め、それが私自身の「学び合う学び」の実践につながり、退職してから一八年もの間、多くの学校を訪問して教師たちの「学び合う学び」づくりにかかわってきた、そんな長い営みの根底に、ここで述べている祈りがあったのではないかということである。

コロナ禍という大変な危機に直面した。それも生きている限り遭遇する危機の一つなのだろう。しかし、どんな危機に直面しようとも、祈り続けたいと思う、人間性あふれる世が生まれ、それが続くことを。「学び合う学び」も「文学の授業」も、そのための私のライフワークなのだ。

【引用文献】
アーノルド・ローベル作、三木卓訳『ふたりはともだち』から「お手紙」（文化出版局、1972年）
あまんきみこ作『おにたのぼうし』（ポプラ社、1969年）
茨木のり子作『自分の感受性くらい』（花神社、1977年）
ハンス・ウィルヘルム作、久山太市訳「ずうっと、ずっと、大すきだよ」『国語教科書　小学一年生』（光村図書）
立松和平作『海のいのち』（ポプラ社、1992年）

〈著者略歴〉

石井順治（いしい・じゅんじ）

1943年生まれ。三重県内の小学校で主に国語教育の実践に取り組むとともに、氷上正氏（元・神戸市立御影小学校長）に師事し、四日市市内の小中学校の校長を務め、2003年3月退職。退職後は、佐藤学氏、秋田喜代美氏と連絡をとりながら、各地の学校を訪問し授業の共同研究を行うとともに、「東海国語教育を学ぶ会」の顧問を務め、「授業づくり・学校づくりセミナー」の開催に尽力している。

著書に、『教師の話し方・聴き方』（ぎょうせい、2010年）、『「学び合う学び」が深まるとき』（世織書房、2012年）、『ことばを味わい読みをひらく授業』（明石書店、2016年）、『「対話的学び」をつくる』（ぎょうせい、2019年）、『授業づくりで　子どもが伸びる、教師が育つ、学校が変わる』（編著、明石書店、2017年）等、多数。

子どもの読みがつくる文学の授業
――コロナ禍をこえる「学び合う学び」

2021年8月31日　初版第1刷発行

著　者　石　井　順　治
発行者　大　江　道　雅
発行所　株式会社明石書店
〒101-0021 東京都千代田区外神田6-9-5
電　話　03（5818）1171
ＦＡＸ　03（5818）1174
振　替　00100-7-24505
http://www.akashi.co.jp
装丁　明石書店デザイン室
印刷・製本　モリモト印刷株式会社

ISBN978-4-7503-5258-9
（定価はカバーに表示してあります）